세상에
하나뿐인
특별한 나

세상에 하나뿐인 특별한 나

1판 2쇄 발행 2022년 11월 10일

글쓴이	신선웅, 조남철
그린이	김석

펴낸이	이경민
펴낸곳	㈜동아엠앤비
출판등록	2014년 3월 28일(제25100-2014-000025호)
주소	(03737) 서울특별시 서대문구 충정로 35-17 인촌빌딩 1층
홈페이지	www.moongchibooks.com
전화	(편집) 02-392-6901 (마케팅) 02-392-6900
팩스	02-392-6902
전자우편	damnb0401@naver.com
SNS	

ISBN 979-11-6363-530-7 (74100)
　　　　979-11-6363-285-6 (세트)

※ 책 가격은 뒤표지에 있습니다.
※ 잘못된 책은 구입한 곳에서 바꿔 드립니다.
※ 이 책에 실린 사진은 위키피디아, 셔터스톡에서 제공받았습니다.
　 사진 출처를 찾지 못한 일부 사진은 저작권자가 확인되는 대로 게재 허락을 받겠습니다.

KC마크는 이 제품이 공통안전기준에 적합하였음을 의미합니다.
사용 연령 : 8세 이상   제조자명 : ㈜동아엠앤비
*주의 : 책 모서리로 인한 찍힘에 주의하세요.

 도서출판 뭉치는 ㈜동아엠앤비의 어린이 출판 브랜드로, 아이들의 지식을 단단하게 만들어 주고, 아이들의 창의력과 사고력을 키워 주어 우리 자녀들이 융합형 창의 사고뭉치로 성장할 수 있도록 좋은 책을 만들겠습니다.

들어가는 말

나는 누구일까? 나의 참모습은 무엇일까?
나는 너와 어떤 게 다를까? 나를 안다는 것은 왜 중요할까?

선생님이 질문을 던지자마자 교실이 일순간에 조용해집니다. 심장은 두근두근합니다. 이때, 침묵을 깨는 선생님의 목소리. 내 이름이 아닌, 다른 누군가의 이름입니다. 후유, 내 심장은 이제야 평온을 찾습니다.

이런 경험, 모두 해 보지 않았나요? 다른 사람 앞에서 말하는 것, 심지어 조리 있게 말하는 것은 쉬운 일이 아닙니다. 우리 모두는 매일 말을 하고 사는데도 말을 '잘하기'가 쉽지가 않고, 말 '잘하는' 사람도 보기가 드뭅니다. 왜 그럴까요?

말이란 인간이 서로의 생각과 감정 등을 알기 위해, 즉 소통하기 위해 사용하는 기본 도구입니다. 타인과 소통하기 위해서는 논리가 필요합니다. 핵심과 기승전결이 있어야 한다는 뜻입니다. 핵심이 뭔지 알 수 없는 말, 두서가 없는 말로는 소통을 하기가 어렵습니다. 설득은 언감생심이고요.

말에 핵심과 기승전결이 있으면 논리가 생깁니다. 논리력을 키우는 가장 효과적인 방법은 생각하는 훈련을 많이 하는 것입니다. 가장 쉬운 방법은 언제(when), 어디서(where), 무엇을(what), 어떻게(how), 왜(why)를 따져 보는 것입니다. 이런 방식으로 현상을 보다 보면 지식이 많아지는데, 지식이 쌓일수록 다른 사람의 말을 들을 때 무조건 동조하거나 반대하지 않을 수가 있습니다. 비판 의식이 생기기 때문이지요.

「초등 철학 토론왕」 시리즈는 아이들이 일상 속에서 맞닥뜨릴 수 있는 철학적 질문과 호기심을 해결하면서 스스로 생각하는 힘을 키울 수 있도록 기획되었습니다. 흥미로운 이야기를 읽으며 끊임없이 생각하고 답을 찾는 사이, 철학은 고리타분한 것이라는 편견을 깰 뿐만 아니라 이를 통해 우리 삶을 풍요롭게 해 주는 가치와 지혜를 하나씩 배울 것입니다. 무엇보다 교과서에서는 접할 수 없는 구성으로 철학 주제와 동화를 엮어 어린이 여러분이 논리적 사고력, 문제 해결력, 창의적 발상을 두루 경험할 수 있도록 하였습니다. 또한 폭넓은 정보를 유기적으로 연결해 설명함으로써 교과별로 조각나 있는 지식을 엮어 배경지식을 보다 탄탄하게 만들어 줍니다. 이러한 통합 교과형 구성은 국어를 기본으로 과학에서부터 역사, 지리, 사회, 예술에 이르기까지 상식과 사회에 대한 감각을 익히고 세상을 올바르게 바라보는 안목을 키워 줄 것입니다.

『세상에 하나뿐인 특별한 나』는 5학년이 되는 온이가 담임 선생님이 내준 참신한 자기소개서를 쓰기 위해 오픈 채팅방을 개설하면서 이야기가 시작됩니다. 채팅방에서 여러 사람이 모여 자유롭게 자기 고민을 말합니다. 아름다움이 여성의 경쟁력이라고 말하는 예뻐 님, 덕밍아웃을 고민하는 불타 님, 본캐와 부캐 사이에서 갈등하는 원싸 님, 사춘기로 가족과 사이가 안 좋은 홍당무 님, 꿈이 무엇인가? 하는 주제의 논술 학원 숙제를 놓고 막막해하는 탄내 님과의 채팅을 통해서 온이는 자신의 모습이 어떤지, 무엇을 좋아하는지, 진짜 행복한 삶은 무엇인지 생각하게 됩니다. 인간이 자기 자신에게 던지는 질문과 그에 따른 고민은 자연스러운 것입니다. 그리고 거기에 정해진 답은 없습니다. 자신만의 정답을 찾아가는 게 진정한 철학적 삶의 시작이 아닐까요? 이 글을 읽는 여러분도 내가 진정 원하는 것이 무엇이고, 내가 원하는 행복한 삶은 어떤 것일까 새롭게 생각해 보기 바랍니다.

편집부

차례

펴내는 글 · 4
무슨 일이 생긴 걸까? · 8

1장 너 자신을 알라! · 11

쌍꺼풀 수술, 할까요? 말까요?
잘생긴 얼굴, 날씬한 몸매가 스펙이 되는 세상?
토론왕 되기 보정 카메라 앱으로 찍은 셀카, 진짜 내 모습일까?

2장 짧은 머리칼을 한 여자,
분홍 셔츠를 입은 남자 · 35

인생 아이라이너 찾아요
덕밍아웃할까요? 말까요?
토론왕 되기 남자는 주부 하면 안 되나요? 여자는 가장이 될 수 없나요?

 **3장 오늘 밤 주인공은 '나야 나!'** • 59

존재감 없는 나, 이대로 괜찮을까요?
이 구역 인싸는 바로 나야!

토론왕 되기 바야흐로 부캐 전성시대! 부캐는 누가? 왜? 만드는 걸까요?

 **4장 내 속엔 다른 내가 너무 많아** • 81

10대인 나도 갱년기를 겪을 수 있나요?
감정의 소용돌이

토론왕 되기 내가 느끼는 감정에도 옳고 그름이 있나요?

 **5장 뫼비우스의 띠** • 103

사는 게 너무 막막해요. 전 어떻게 살아야 할까요?
알 듯 말 듯, 오늘도 물음표

토론왕 되기 꿈이 반드시 있어야 하나요? 인생의 목표가 꼭 있어야 하나요?

인간 본질에 관한 명언 • 125
어려운 용어를 파헤치자! • 126
신나는 토론을 위한 맞춤 가이드 • 127

📩 쌍꺼풀 수술, 할까요? 말까요?

"온아! 고구마 먹자!"

"아빠 먼저 드세요! 저 숙제 끝내고 갈게요!"

부엌에서 아빠 목소리가 들렸다. 아빠는 간식으로 고구마를 구우셨다. 나는 좀 출출했지만 당장 부엌으로 달려갈 수 없었다. 막 문을 연 채팅방에 사람들이 들어오고 있었기 때문이었다. 나는 아빠에게 큰 소리로 숙제 핑계를 댔다.

사실 아주 틀린 말은 아니었다. 5학년 새 학기를 일주일 앞두고 새 담임 선생님에게 특이한 숙제를 받았다. 선생님께서 우리 반 단체 대화방을 통해 이름, 나이, 성별을 뺀 참신한 자기소개서를 써

오라고 하셨다. 나는 당연히 자기소개서 첫 줄은 이렇게 시작해야 한다고 생각했다. '제 이름은 김온이고 올해 열두 살 남자입니다.' 하지만 이걸 빼라고? 이름, 나이, 성별을 빼고 나니 자기소개서를 어떻게 시작하면 좋을지 막막했다. 그러다 문득 내가 평소 알고 지내던 사람이 아닌, 이름도 나이도 성별도 모르는 누군가와 대화를 해 보면 어떨까? 하는 생각이 들었다. 특히 '나'에 대해 고민하는 사람끼리 모여 대화를 나누면 참신한 자기소개서를 채울 힌트를 얻을 수 있을 것만 같았다. 나는 바로 내가 즐겨 쓰는 SNS에 오픈 채팅방(불특정 다수가 한 가지 주제 아래 모여 이야기를 나누는 공개 대화방)을 개설했다. 주제는 '고민 상담'이다. '너, 나 알아? 나에 대한 고민

1장 너 자신을 알라!

을 말해요.'라고 대화방 제목을 달고 #고민상담방#누구나_환영#나는_누구인가#자기소개금지#고민에_집중이라고 해시태그(SNS 기능 중 하나로 해시(#) 뒤에 해당 글 주제나 키워드를 적으면 링크가 만들어진다. 해당 링크를 클릭하면 같은 주제 글을 한눈에 모아 볼 수 있다)를 달았다. 나는 스마트폰을 손에 쥐고 침대에 엎드린 채 본격적으로 대화를 시작했다. 나는 내가 남자라는 걸 숨기기 위해 '토순이'라는 닉네임을 쓰기로 했다. 마침 침대에 놓여 있는 내 애착 인형 토순이가 보이기도 했다.

> 불타 님이 들어왔습니다.
> 원싸 님이 들어왔습니다.
> 예삐 님이 들어왔습니다.

"불타 님 안녕하세요? 원싸 님 어서 오세요! 예삐 님도 반갑습니다!"

나는 사람들에게 먼저 인사를 건넸다. 이름, 나이, 얼굴도 모르는 사람과 채팅이라니! 나는 괜히 신이 났다. 내가 직접 대화방을 개설하고 방장이 됐다는 사실만으로도 가슴이 두근거리고 어깨가 저절로 으쓱해졌다.

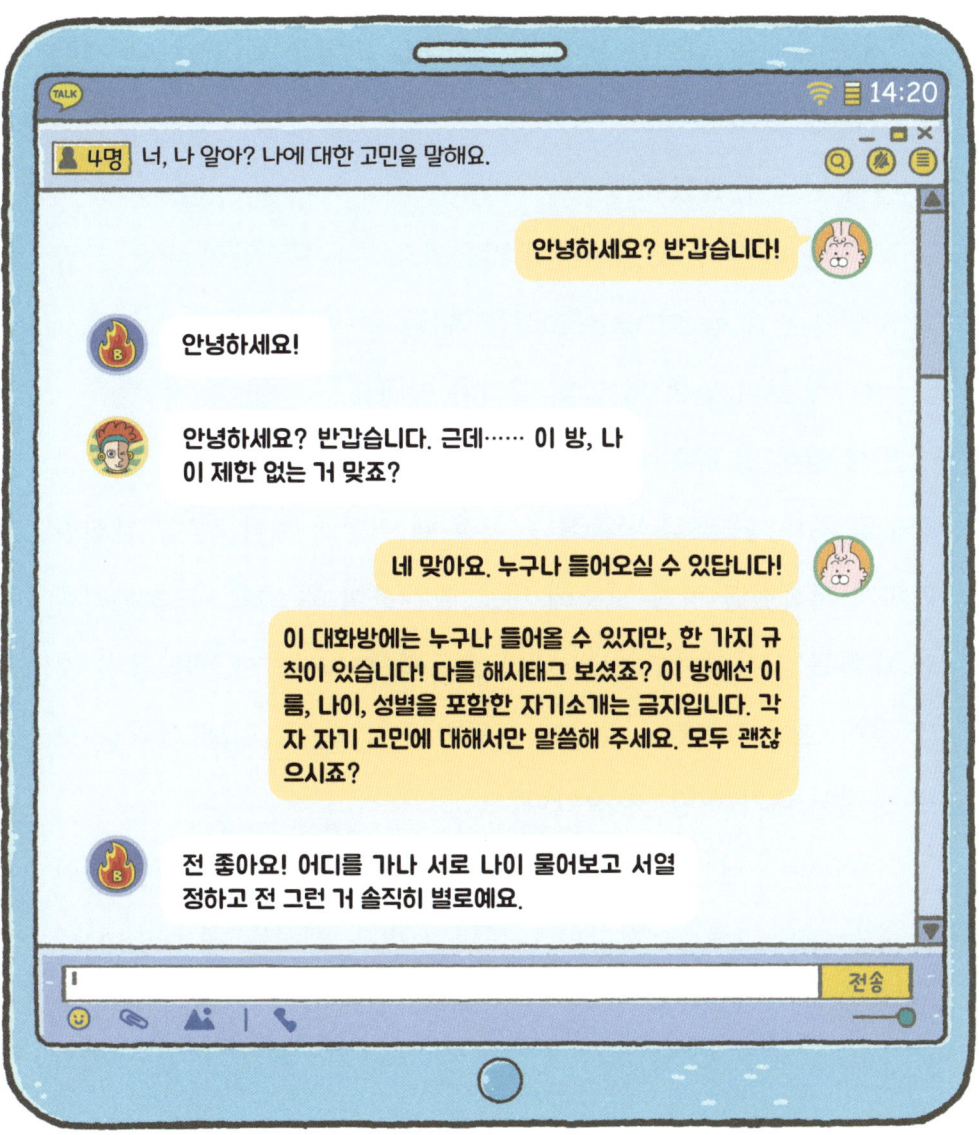

나는 방장으로서 사람들에게 방 소개와 규칙을 이야기하고 의견을 물었다. 마치 사회자가 된 기분이었다.

"저도 좋네용. 나이를 밝히면 아무래도 고민을 털어놓는데 제약이 있을 것 같아용."

예삐 님도 찬성했다.

"하지만 나이 정도는 괜찮지 않을까요? 나이를 알면 다른 사람의 고민에 관해 좀 더 좋은 조언을 해 줄 수 있잖아요?"

"생각해 보니 원싸 님 말도 일리가 있네요."

원싸 님이 방 규칙에 대해 다른 의견을 냈다. 불타 님도 얼른 맞장구를 쳤다. 난 조금 당황했다. 이럴 땐 어떻게 해야 하지? 자신만만하게 시작했던 방장 노릇에 바로 빨간불이 켜졌다. 나는 본격적인 대화를 시작하기도 전에 내가 초등학생이라는 사실을 들킬 것만 같아 조마조마했다. 방장이 초등학생이라는 걸 알면 사람들 모두 방에서 나가 버릴 것 같았다.

"일단 방장 님이 말한 규칙대로 해 봐요. 그리고 현실적인 조언이 힘들다면 그때 그 사람만 나이나 성별을 밝히는 게 어떨까요? 방장 님 말도 맞고 원싸 님 말도 맞는 것 같으니 절충해 보아용. 우리."

"오! 그거 좋네요! 반반 섞어 봐요 🤪."

내가 잠시 멈칫한 사이 예삐 님이 의견을 내놓았다. 불타 님은 이번에도 찬성이었다. 예삐 님의 지혜로운 제안에 나는 한숨 돌렸다.

"좋은 제안 감사합니다, 예쁘 님!"

나는 어른처럼 말하려고 노력했다. 내가 초등학생이란 걸 눈치채지 못하도록 말이다. 그때였다. 예쁘 님이 먼저 말문을 열었다.

"그런데……, 혹시 이런 고민도 될까용?"

"어떤 건데요? 궁금…… 궁금…….."

예쁘 님 말에 불타 님이 바로 대답했다.

"저 그게……, 제가 진짜 오랫동안 고민 중인 건데요…….."

예쁘 님이 말끝을 흐렸다.

"말씀해 보세요. 어차피 얼굴도 모르는 사람들이잖아요😋."

머뭇거리는 예쁘 님에게 원싸 님이 말했다.

"그쵸? 서로 모르는 사인데 그냥 말할게요🙂. 사실 제가 쌍꺼풀이 없는데 수술을 할까 고민 중이라서요. 할까요? 말까요?"

"엥? 쌍수요? 그걸 왜 고민하세요? 하고 싶으면 하시면 되죠!"

예쁘 님 고민을 듣고 불타 님은 이해가 안 된다는 듯 말했다.

"그게…… 제가 겁이 많기도 하고……, 또 수술하고 나서 후회하면 어쩌나 고민이 돼용, 훙훙훙."

예쁘 님이 민망한 듯 말했다. 그나저나 쌍꺼풀 수술이라니……, 오픈 채팅방 첫 고민 내용이 쌍꺼풀 수술일 줄이야! 난 예상하지 못한 고민 내용에 뭐라고 답을 해야 할지 몰랐다.

"눈이 작아요?"

원싸 님이 물었다.

"네에……. 전 그래서 화장 안 하면 집 밖에 절대 안 나가용, 홍홍. 집 앞에 쓰레기 버리러 갈 때도 꼭! 아이라인이라도 그리고 나가요. 생얼로 밖에 나가면 창피하잖아요."

"에이 그런 게 어딨어요? 무슨 그런 말씀을…… 😢."

예삐 님 대답에 원싸 님이 당황스럽다는 듯 말했다. 나도 예삐 님 말이 이해가 되지 않았다. 생얼로 밖에 나가는 게 무슨 창피라고? 왜지? 울 엄마도 이모, 고모 모두 생얼로 밖에 잘만 나가는데?

"에이, 여자인데 어딜 가나 화장은 해야 해요. 그게 예의지요."

"네에? 그건 또 무슨 말씀이세요 😲."

예삐 님 말에 원싸 님은 다시 한번 경악했다.

"근데 방장 님 성별 밝히면 안 되는거 아녜요? 예삐 님 스스로 여자라고 밝히신 것 같은데요 😜?"

"아이코! 미안해요, 홍홍. 이렇게 바로 들통 나네요. 봐주세용."

불타 님의 예리한 지적에 예삐 님이 민망한 듯 말했다. 이런, 정말 고민 상담을 시작하자마자 규칙이 깨져 버렸다. 어쩌지……?

"이럴 줄 알았다니까요! 고민을 얘기하다 보면 내 정보를 말하지 않을 수가 없어요."

원싸 님이 얼른 말했다.

"원싸 님 말씀이 맞았네요🙂. 이미 알아 버린 거 어쩔 수 없죠. 규칙은 조금씩 절충하기로 해요."

나는 최대한 당황하지 않은 척 말을 이어 갔다.

"눈이 작은 게 콤플렉스면 살을 빼 보세요. 얼굴에 살이 빠지면 눈도 커지잖아요😛."

불타 님은 예삐 님에게 계속 킥킥대며 말했다. 아무래도 쌍꺼풀 수술이 고민이라니 웃긴다고 생각하는 것 같았다.

"저 키 164.5cm인데요. 살면서 48kg 넘은 적 없어용. 몸매 관리도 철저히 하는 편이라……, 살 빼서 눈 커질 거였음 이런 고민도 안하죵."

"헉. 진짜 마르셨다."

원싸 님이 놀라며 말했다. 하지만 나는 예삐 님이 얼마나 말랐는지 가늠이 되질 않았다. 우, 우리 엄마 키가 몇이었더라?

"근데 쌍꺼풀이 꼭 있어야 예쁜 건가요?"

나는 문득 궁금해졌다.

"동양미가 어쩌고저쩌고 해도 결국 사람들은 쌍꺼풀 있는 눈을 훨씬 예쁘다고 생각해요. 제가 자주 듣는 말이, '넌 얼굴도 작고 코도 예쁜데 눈이 아쉽다.'라는 거예요. 어딜 가나 쌍수 추천받는

다니깐용."

예쁘 님이 하소연하듯 말했다.

"헐. 아직도 그렇게 대놓고 다른 사람 외모 지적하는 용자('용기 있는 자'라는 인터넷 줄임말)가 있어요? 그 사람 얼굴 좀 보고 싶네요!"

"제 주변에는 많아용. 그래서 아직도 쌍수를 고민하는 거고요. 사실 저는 제 모습 그대로가 좋은데 주변에서 자꾸 그러니 한편으로는 좀 서글퍼요. '나도 매력 있어! 자신감을 갖자!' 마음먹다가도 사람들이 자꾸 쌍수 추천하면 어느새 쌍수 후기를 찾아보고 있다니까요."

원싸 님의 위로에도 예쁘 님은 여전히 풀이 죽은 채 말했다.

"하긴 요즘 여자, 남자 할 거 없이 쌍수는 기본으로 하는 것 같아요. 중고등학생들도 용돈 모아서 방학에 수술하잖아요."

나는 불타 님 말에 무척 놀랐다. 사실 우리 사촌 누나도 쌍꺼풀이 생겼으면 좋겠다고 하면서 툭하면 눈두덩이에 테이프를 붙이고 나타난다. 난 우리 사촌 누나가 특이한 경우라 생각했는데……. 요즘 중고등학생들 모두 쌍꺼풀 수술에 관심이 많구나.

"다이어트도요! 요즘 다이어트 안 하는 사람 있나요? 심지어 저희 할머니도 맨날 살 뺀다고 난리예요😬. 다음 주에 여행 가시는데 사진발 잘 받으려면 2kg은 꼭 빼야 한대서 가족 모두 빵 터

졌다니깐요."

이번엔 원싸 님이 다이어트로 화제를 돌렸다. 그러자 예삐 님이 의미심장하게 말했다.

"여러분, 요즘 같은 시기에 취업하려면 멋진 얼굴, 예쁜 몸매는 필수예요."

예삐 님 말에 모두가 당황했다.

잘생긴 얼굴, 날씬한 몸매가 스펙이 되는 세상?

"에이 그런 게 어딨어요. 그럼 얼굴, 몸매도 스펙(취업에 필요한 자격 요건을 갖추는 일을 일컫는 인터넷 용어)이란 뜻이에요? 말도 안 돼!"

사람들 말에 매번 긍정적이었던 불타 님도 이번엔 삐딱하게 대답했다.

"그러니까요. 예삐 님, 요즘 어디 가서 그런 말하면 욕먹어요."

원싸 님도 예삐 님 말에 반대했다.

"다들 아직 나이가 어려서 모르나 본데……, 요즘 자격증 없고 외국어 점수 낮은 사람 있나용? 학점 낮고 봉사 활동 안 하는 사람 없죠. 취업하려고 자신이 쌓을 수 있는 스펙은 최대치로 쌓고 있잖아요. 거기에 외모와 몸매까지 가꿔야 차별화를 갖는 거죠."

"헉. 예삐 님 죄송한데……, 너무 숨 막혀요😵."

예삐 님 말에 원싸 님이 기절하는 이모티콘을 날리며 말했다. 아직 초등학생인 나에게 취업은 먼 미래인 것 같지만 사실 나도 고민을 안 해 본 건 아니다. 인터넷 기사만 봐도 취업률이 어쩌고, 공무원 시험이 어쩌고 하며 부정적인 말만 나오니까 말이다. 학점, 외국어, 봉사 활동 점수 등은 기본이고 이제 외모 가꾸는 일도 필수라니……. 예삐 님 말에 나 역시 절망적인 마음이 되었다.

1장 너 자신을 알라!

#_너_자신을_알라

나를 안다는 것은 왜 중요할까요? 과거 수많은 철학자 역시 인간 존재에 대해 늘 궁금해하며 '나'를 탐구하는데 많은 시간과 노력을 쏟았답니다.

여러분도 한 번쯤 들어 봤을 철학자 '소크라테스'는 그의 제자들에게 "너 자신을 알라."라는 말을 한 것으로 유명합니다. 그렇다면 그는 왜 이런 말을 한 것일까요?

"너 자신을 알라(Know yourself)."는 고대 그리스의 유명한 격언(오랜 역사적 생활 체험을 통하여 이루어진 인생에 대한 교훈이나 경계 따위를 간결하게 표현한 짧은 글)으로, 그리스 델포이의 아폴론 신전 현관 기둥에 새겨져 있던 것이라 합니다. 소크라테스가 생각한 '나 자신을 안다는 것'은 무엇일까요? '나는 아무것도 아는 것이 없다.'라는 사실을 깨닫는 것이었습니다. 그는 자신의 무지를 자각한 사람만이 지혜를 열렬히 사랑하게 된다고 말했습니다.

소크라테스는 제자들을 가르칠 때 질문과 대답을 통한 대화로 진행했는데 이러한 문답법을 산파술(産婆術)이라고 합니다. 예를 들면 다음과 같습니다.

→ 소크라테스

"덕이란 무엇인가?"
"예, 덕이란 좋은 것입니다."
"좋은 것에는 부와 명예, 권력, 건강도 있는데 이런 것들이 과연 덕이라고 할 수 있는가?"
"아니, 그렇지는 않지요."
"그럼 덕이란 무엇인가?"

이처럼 소크라테스는 진리에 가까워지기 위해서 산파술을 이용해 제자들 스스로 진리를 깨닫게 도왔습니다.

물론 '나 자신을 더 잘 알기 위해 던지는 질문'에 명확한 답이 있을 순 없습니다. 인간에 대한 탐구는 답이 정해져 있는 수학 문제를 푸는 것과 다르기 때문이지요. 하지만 스스로 나에 대해 아는 것과 모르는 것이 무엇인지를 파악하고 이를 해결하기 위해서는 어떠한 노력이 필요한지 고민하는 시간이 길어질수록 '나는 어떤 사람인가?'라는 질문에 가장 적합한, 여러분만의 정답을 찾을 수 있으리라 믿습니다.

"전 오히려 이럴 때일수록 사회가 요구하는 여러 기준에 우리가 저항해야 한다고 생각해요! 기업에 취직하는 것만이 오로지 우리 목표는 아니잖아요! 외모나 몸매 가꾸기가 진짜 나의 육체나, 정신 건강을 위한 거라면 저도 찬성해요. 외모 콤플렉스를 극복하면 더 행복하게 살 수 있고 살을 빼서 건강을 되찾는 사람도 있으니까요. 하지만 취업을 위해서 성형과 다이어트를 한다고요? 말도 안 돼요."

불타 님은 열변을 토했다. 다른 사람 말에 '좋아요! 맞아요!' 하며 동조만 하는 사람이라고 생각했는데……. 나는 불타 님 말에 감탄했다. 갑자기 불타 님이 멋있게 느껴졌다.

"옳소! 불타 님 말 진짜 잘하신다. 사이다 👏!"

원싸 님이 박수 이모티콘을 보내며 불타 님을 응원했다.

"저도 한때는 남과 다른 내 모습, 개성이 중요하다고 생각했어요. 하지만 세상은 변하지 않았죠. 결국엔 나만 빼고 모두 예뻐지고, 취업에 성공할 뿐이에요."

예삐 님은 조곤조곤 말했다.

"🥲고백하자면……, 저도 교복 치마 S 사이즈 입으려고 다이어트 해 봤고 친구들 따라 아이굿 매직 쌍꺼풀 테이프도 붙여 봤어요. 요즘 외모 안 꾸미면 찐따 취급해요. 외모 꾸미는 게 귀찮고 싫어도 하게 돼 있다니까요. 근데 이제는 취업 때문에라도 다이어트를 다시 해야 하나 싶네요. 요즘 진짜 취업하기 힘들잖아요. 같은 조건이면 당연히 잘생기고 예쁜 사람 뽑겠죠😭."

원싸 님은 뒤늦게 솔직한 심정을 이야기했다.

"다른 사람 시선, 취업 등 외모를 가꾸려는 이유는 많죠. 하지만 '내가 바라본 내 모습'은 어떤지 생각해 본 적 있나요? 세상이 바라는 미적 기준은 바뀌기 마련이잖아요. 내가 보기에 좋은 것, 내가 생각하기에 바람직한 것을 따르는 게 중요하지 않을까요? 예삐 님은 쌍꺼풀이 없어서 불편한 점이 있나요?"

불타 님은 갑자기 예삐 님에게 물었다.

"글쎄요. 쌍꺼풀이 없으니 눈이 답답해 보여요. 그래서 화장을 열심히 해야 한다는 게 무척 귀찮죠, 흥흥."

"불타 님 말을 듣고 보니 예삐 님이 생각하는 '눈이 답답해 보이는' 것 역시 다른 사람 시선이네요. 귀찮게 화장하는 것도 다른 사람 눈에 예쁘게 보이기 위해서고요. 예뻐 님이 왜 아직도 쌍수 고민을 하는지 알겠어요. 있는 그대로의 모습이 좋은데 주변에서 자꾸 수술을 종용하기 때문에 예뻐 님이 흔들리는 것 같아요. 스스로 느끼기에 쌍꺼풀 없는 눈이 싫다거나, 생활하는 데 불편함을 느꼈다면 사람들 말과는 상관없이 바로 수술했겠죠. 안 그래요?"

"."

원싸 님의 말에 예뻐 님은 우는 이모티콘을 보내며 잠시 말이 없었다.

"제가 한 수 배운 기분이네요. 사실 그 누구보다 나는 나를 사랑하는데 주변에서 가만두질 않았거든요. '오늘 눈이 좀 부었네?' '쌍수는 진짜 안 할 거니?' 이러면서 말이죠. 근데 진짜 중요한 게 뭔지 이제 조금은 알 것 같아용. 있는 그대로의 내 모습을 사랑하는 마음이 흔들리지 않아야 한다는 거 말이에요."

"."

"짝짝짝!"

예뻐 님 말에 원싸 님이 감동한 듯 이모티콘을 날렸다. 불타 님도 예뻐 님에게 응원의 박수를 보내는 듯 했다. 예뻐 님 고민 덕분에 나도 중요한 사실 하나를 배웠다. 세상을 살면서 '진짜 내가 원하는 것'과 '세상이 중요하다고 요구하는 것'을 잘 구분할 줄 알아야 한다는 사실 말이다. 그래야 내가 진짜 행복한 삶을 살 수 있지 않을까? 그렇다면 나는 살면서 무엇을 원하고 중요하다고 생각해 왔을까? 나는 점점 더 심오한 생각에 빠지기 시작했다. 그때였다.

"온아! 너 고구마 진짜 안 먹을 거야? 몇 개 안 남았어!"

"아, 안 돼요!"

아빠가 다시 날 불렀다. 안 돼 내 꿀 고구마! 나는 대화방에 잠시 자리를 비우겠다고 메시지를 남기고 얼른 부엌으로 향했다.

성형? 다이어트? 어디까지 해 봤니?

여러분은 살면서 성형을 생각해 본 적이 있나요? 다이어트를 위해 굶거나 심하게 운동해 본 경험이 있나요? 만약 그렇다면 무엇을 위해 성형과 다이어트를 결심했었나요? 아래 글을 읽고 성형과 다이어트에 대한 자기 생각을 정리해 봅시다.

성형 수술이 대중화된 시대입니다. 멋지고 예쁜 외모에 대한 욕구가 높아지면서 성형 수술을 하는 이들이 늘고 있습니다. 하지만 수술 부작용으로 인해 고생하는 이들 역시 늘어나면서 사회적인 문제가 되고 있습니다.

한국소비자원의 '성형 수술 부작용 피해 구제 현황'에 따르면, 쌍꺼풀과 코 수술 부작용 사례가 가장 많았습니다. 대표적으로 쌍꺼풀이 풀리거나 짝짝이가 되는 경우, 수술 보형물에 의한 염증, 코끝 피부가 빨갛게 되는 증상, 보형물이 비치거나 코끝이 내려오고 자연스럽지 못한 경우, 보형물 구축 현상이 발생해 코 모양 자체에 변형이 오는 경우 등이 있습니다.

최근 중국에서 13살 때부터 3년여 동안 무려 100번 넘는 성형을 한 10대 여고생 사연이 전해졌습니다. 그녀는 심각한 수술 후유증을 겪으면서도 "성형을 그만둘 생각은 없다."고 말했습니다. 올해 16살인 그녀의 성형 결심은 친구들의 따돌림에서 시작되었는데 "외모 탓에 기분 나쁜 별명이 지어졌고 남학생들은 예쁜 여학생들과 달리 차별했다."라고 합니다. 이런 까닭에 학교생활이 힘들었던 그녀는 부모에게 간절히 부탁하여 성형을 시작해 얼굴부터 몸 전체를 성형하기에 이르렀습니다. 반복된 성형은 그녀에게 자신감을 주었지만, 기억력 감퇴, 피부 탄력 감소, 온몸에 큰 수술 자국 등 씻을 수 없는 고통도 함께 안겨 주었습니다. 이에 의사가 더는 수술하기를 거부하며 자칫 생명에 위협이 될 수 있다고 경고했으나, 성형하면 더 예뻐질 것이란 믿음을 그녀는 버리지 않고 있다 합니다.

최근 몇 년 동안 우리나라 청소년층의 외모에 대한 관심이 급격하게 증가하였습니다. 연령대별 성형 수술의 비율 및 증가율 그리고 성형 수술을 하고자 하는 이유와 청소년들의 외모에 대한 태도 변화 원인을 도표로 작성해 보았습니다.

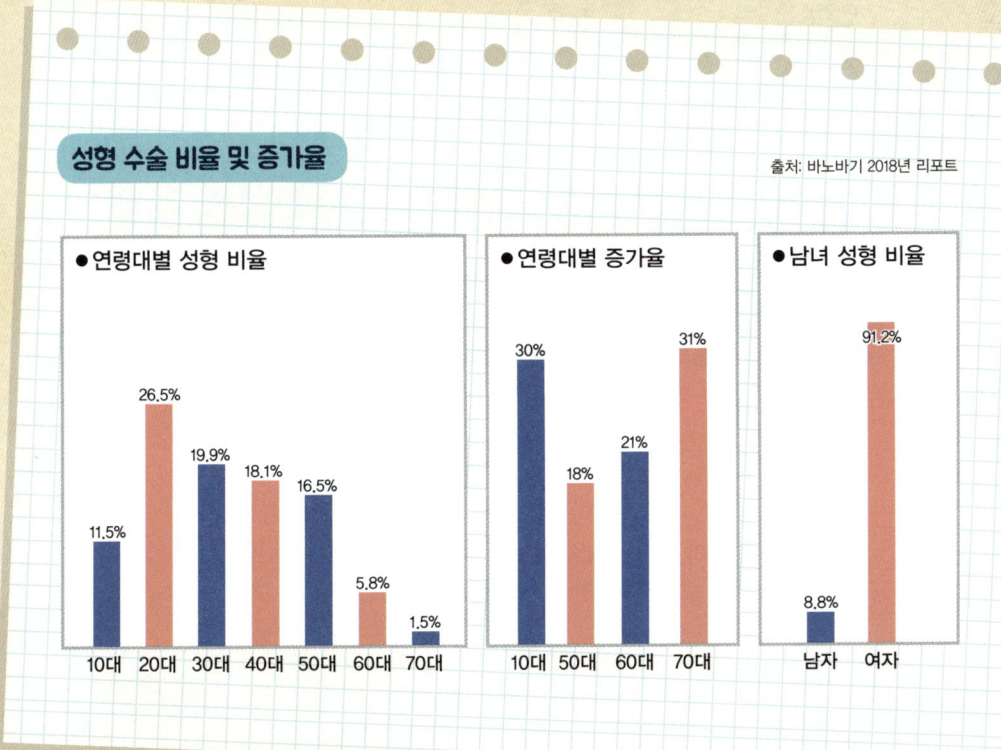

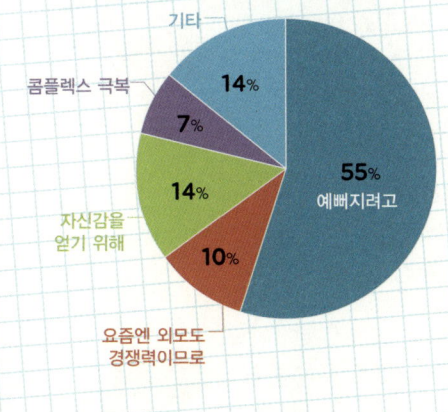

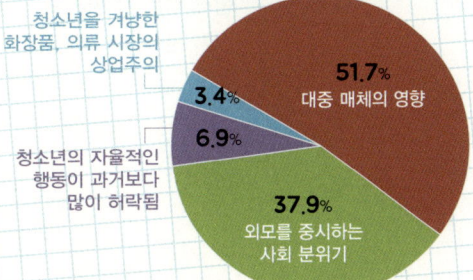

토론왕 되기

보정 카메라 앱으로 찍은 셀카? 진짜 내 모습일까?

인석아 무슨 숙제를 그리 열심히 한다고 이제야 나와! 어서 고구마 먹어!

아, 그런 게 있어요. 킥킥. 근데 아빠, 아빠도 혹시 외모 콤플렉스 있어요?

외모 콤플렉스? 아빠도 요즘 배가 나와서 신경이 좀 쓰이긴 해. 작년에 새로 산 바지가 올해 또 안 맞지 뭐야. 윽.

그럼 아빠도 다이어트 하시려고요? 아! 그래서 고구마 구운 거예요? 크크. 근데 전 아빠가 어떤 모습이든 다 좋아요. 배 좀 나오면 어때요.

아냐. 그건 아닌데 며칠 전에 동호회 사람들과 함께 찍은 사진을 보고 나도 깜짝 놀랐어. 아빠 혼자만 커다란 곰 같더라고. 흑흑.

곰이요? 크하하. 포샵 좀 해 달라고 하시지 그랬어요. 크흐흐.

 그럴 걸 그랬나? 근데 막상 포샵을 한다고 생각하면 자존심이 상해서 말이야. 포토샵해서 날씬한 모습이 된다고 해도 그게 진짜 내가 아니잖아.

음……, 그런가요? 요즘은 사진 찍고 보정하는 게 너무나 당연해서인지 전 딱히 그런 생각 안 해 봤어요. 좀 고쳤어도 저 아녜요?

 글쎄? 한때 '셀기꾼(셀카+사기꾼)'이라는 말이 유행하기도 했잖니. 얼마나 다들 보정을 해 댔으면 그런 말이 만들어졌겠어. 예쁘고 멋지고 싶은 욕망은 알겠지만……, 그럼 정작 내 모습은 무엇일까?

그러니까요! 전 아빠가 배가 좀 나오든 안 나오든 그냥 좋아요. 헤헤. 그나저나 그 곰같이 나왔다는 사진은 어디 있어요? 저 좀 보여 주세요!

 안돼! 절대 안 돼! 안 보여 줄 거야! 흥!

나도 토론왕

여러분은 외모에 얼마나 관심이 있나요? 예삐 님처럼 쌍거풀 수술을 생각해 본 적 있나요? SNS의 발달로 나를 표현하는 법이 다양해진 요즘, 셀카 또한 온라인 공간에서 나를 표현하는 주요한 방법이 된 지 오래지요. 여러분도 셀카를 찍을 때 보정 앱을 꼭 사용하나요? 좀 더 화사하고 예쁘게, 멋지게 표현된 카메라 속 내 모습이 마음에 드나요? 위에 나오는 온이와 아빠의 대화를 읽고 보정 셀카에 관한 여러분의 생각은 어떤지 나누어 봅시다.

퀴즈

다음 빈칸에 들어갈 말로 알맞은 것은 무엇일까요?

이것은 고대 그리스의 철학자 소크라테스가 한 말입니다.

그는 질문과 대답을 통한 대화로 진리에 가까워질 수 있다고 믿었는데요.

소크라테스는 대화하는 상대에게 끊임없이 질문하면서 그가 자기 생각의 허점을 스스로 깨닫고 무엇이 옳고 그른지 알 수 있도록 이끌었다고 합니다.

이때 소크라테스는 이러한 대화를 잘하려면 _____라고 말했는데요.

이 말은 아무것도 모르는 자신을 아는 것이 가장 중요하다는 뜻이라고 합니다.

이 말은 무엇일까요?

① 나는 생각한다. 고로 존재한다.
② 너 자신을 알라.
③ 각 개인은 타인 속에 자기를 비추는 거울을 갖고 있다.

정답
② 번

🌸 인생 아이라이너 찾아요

"그러니까 예삐 님, 속눈썹을 바짝 올리려면 속눈썹 고데기를 써 보세요!"

"요즘엔 별 제품이 다 나오네요. 좋은 정보 감사!"

난 부리나케 우유 한 잔과 고구마 두 개를 먹고 방으로 돌아왔다. 스마트폰 화면을 켜자 오픈 채팅방 속 말풍선이 열심히 화면 위로 올라가고 있었다. 지나간 대화를 따라잡으려고 부지런히 손가락을 움직였지만 역부족이었다. 아무래도 진행 중인 대화 내용을 물어보는 게 좋을 것 같았다.

"저 왔어요! 무슨 얘기 중이에요?"

"오! 방장님 오셨네요. 어디 다녀오셨어요? 혹시 큰 볼일😜?"

한참 채팅에 열을 올리던 불타 님이 제일 먼저 날 아는 척 해 주었다.

"방장님! 불타 님 장난 아녜요. 완전 메이크업 너튜버 저리 가라예요. 예쁘 님한테 화장으로 쌍꺼풀 만드는 법, 뒤트임 앞트임 효과 내는 법, 전수해 주고 있어요."

원싸 님은 불타 님 대신 상황을 설명해 주었다.

"너튜버는 무슨. 저야말로 찾는 게 있어요. 혹시 워터프루프(물에 잘 번지지 않는 방수 기능을 뜻하는 메이크업 용어) 기능 강하면서도 세안은 잘되는 아이라이너 아시는 분? 아이라이너 유목민 좀 도와

주세요!"

아이라이너? 워터프…… 루프? 이게 다 뭐지? 나는 불타 님 말을 다 알아듣지 못했지만 차마 그게 뭐냐고 묻지 못했다. 나만 빼고 모두 그게 뭔지 아는 것 같은 분위기였기 때문이었다. 그때였다.

"어휴. 여기가 고민 상담 방인지 화장품 정보 공유 방인지 모르겠네, 쩝."

처음 보는 프로필이었다. 닉네임은 탄내. 탄내? 내가 없는 사이에 새로운 참여자가 들어왔나 보다.

"아하하. 죄송. 전 나름 진지하거든요. 인생 아이라이너 찾는 게 제 요즘 고민입니다."

탄내 님 구박에 불타 님은 얼른 사과했다.

"채팅방에서 이런저런 얘기 하는 거죵. 전 불타 님 덕분에 좋은 정보 많이 얻어서 좋았어요."

불타 님이 무안할 것 같았는지 예삐 님이 얼른 불타 님 편을 들어 주었다.

"맞아요, 저도 불타 님이 알려 준 화장법이랑 제품 공유 재밌었는데요. 탄내 님 좀 까칠하시네요😐."

"참나. 여긴 나만 빼고 다들 여자들만 모인 것 같네요. 서럽다 서러워😫."

원싸 님도 불타 님 편을 들었다. 탄내 님은 갑자기 서럽다며 째려보는 이모티콘을 날렸다. 순간 채팅방에 정적이 흘렀다. 무, 뭐지 이 분위기는?

"화장품 얘기한다고 다 여자는 아니죠😊. 그리고 성별 유추는 자제해 주세요."

나는 얼른 대화에 끼어들었다. 분위기를 수습해야 할 듯했다. 자기소개 금지가 규칙인 만큼 다른 사람 정보를 캐내려는 말은 하지 못하도록 한마디 더 덧붙였다.

"남자가 무슨 화장을😲? 화장품이니 액세서리니 하는 것들 전부 여자들이나 관심있지 어디 남자가 그런 거 합니까?"

탄내 님의 말에 다시 한번 찬바람이 쌩 불었다. 그때였다.

"남자는 화장품, 액세서리에 관심 있으면 안 되나요? 그냥 개인 취향이죠. 취향에도 여자, 남자가 따로 있나요?"

불타 님이 탄내 님에게 따지듯 물었다.

"맞아요. 그리고 요즘 남자 아이돌, 남자 배우 전부 화장하는데요?"

"남자가 창피한 줄 모르고 화장이라니. 남자 망신은 다 시키네 다 시켜."

원싸 님이 불타 님 말에 맞장구를 쳤지만 탄내 님은 지지 않았다. 그때였다.

"방장 님! 방 규칙에 어긋나는 줄은 알지만……, 저 성별 좀 밝혀도 될까요?"

"성별이요? 그건 왜요? 불타 님?"

나는 불타 님의 갑작스러운 제안에 놀라서 되물었다.

"아 네. 제가 남자거든요. 어떤 분이 제가 남자 망신 다 시킨다고 해서 기분이 나쁘네요."

"😲 진짜요? 불타 님, 남자예요?"

"어머! 불타 님 남자였어요? 근데 어쩜 그렇게 화장품에 대해서 잘 알아요?"

불타 님의 깜짝 고백에 원싸 님과 예삐 님은 화들짝 놀랐다. 물론 나도 그랬다. 예삐 님이 쌍꺼풀 수술을 할지 말지 고민 중이라고 했을 때 그 누구보다 예삐 님 고민에 적극적으로 조언해 줬던 불타 님이 었는데……. 나는 당연히 불타 님이 여자라고 생각했다. 그런 불타 님이 남자였다고? 아니 남자라고?

"왜요? 다른 분들도 제가 남자인 게 이상하세요? 남자인 제가 화장품에 대해 빠삭한 게 그렇게 죄인가요?"

불타 님은 조금 화가 난 것 같았다. 사람들은 그런 뜻이 아니었는데 오해한 것 같다.

"불타 님 진정하세요. 그런 뜻이 아니에요."

"맞잖아요. 화장품, 화장법에 빠삭한데 남자라니까 놀랍고 신기한 거잖아요. 속으로 다들 제가 좀 이상하다고 생각하고 있죠? 지금?"

불타 님은 내 말에도 계속 화가 난 듯 말을 이어 갔다.

"좀 전까지만 해도 인생 아이라이너 찾던 분이 갑자기 남자라고 하니까……, 좀 놀라긴 했어요😜. 그렇다고 남자가 화장하는 게 죄라는 뜻은 아녜요. 요즘엔 화장도 또 하나의 자기표현 방식이잖아용. 불타 님 오해하지 말아요."

원싸 님이 솔직하게 말했다.

"제가 갑자기 너무 정색했다면 미안해요. 근데 현실에서도 비슷한 말을 자주 들어서 좀 발끈했어요. 남자는 화장품 좋아하고 액세서리 하면 안 되나요😢?"

"돼요, 돼! 불타 님 하고 싶은 거 다 해용!"

불타 님 말에 예삐 님이 얼른 맞장구쳤다. 남자가 화장하는 게 남자 망신이라느니 망언을 했던 탄내 님은 갑자기 말이 없었다. 불타 님에게 사과라도 해야 하는 거 아닌가?

"전 사실 화장품 말고도 액세서리에 관심이 많아요. 피어싱도 좋아하고 반지, 목걸이도 좋아하죠. 하지만 주변 사람들이 하도 뭐

라고 하니까 너무 큰 스트레스예요. 남자는 귀걸이 좀 하면 안 되나요? 왜 내가 좋아하는 걸 주변 사람들이 된다, 안 된다고 정해 주는 걸까요?"

"불타 님 어떤 마음인지 저도 알아요. 전 사실 PC 게임 좋아하는데 부모님이 여자애가 무슨 게임이냐고 잔소리하거든요. 아니 그럼 게임은 남자만 하란 법 있나요? 취미 생활에 남녀가 어디 있냐고요, 도대체!"

불타 님의 고민에 원싸 님이 폭풍 공감하며 말했다.

"앗? 그럼 원싸 님은 여자? 정말 각자 고민 얘기하다 보니 정보 제한에도 한계가 있네용, 흥흥. 암튼 전 지금 반성 중이에요. 어느 날 회사 여자 동료가 남자처럼 머리카락을 짧게 정리하고 나타난 적이 있었어요. 단발머리도 아니고 진짜 남자 커트 머리를요. 너무 놀라서 그게 뭐냐고 온종일 잔소리했었는데…… 지금 생각하니 왜 그랬나 싶네요. 남자도 화장할 수 있는 것처럼 여자도 짧은 커트 머리할 수도 있는 건데 말이죠."

예삐 님은 과거 자신의 모습을 반성한다는 듯 말했다. 사람들의 말을 들으니 문득 이런 생각이 들었다. 난 그동안 내가 남자라서 파란색과 자동차를 좋아한다고 여겼다. 분홍색 티셔츠를 사 온 엄마에게 '그런 색은 여자애들이나 입는 거'라고 짜증을 내기도 했었다. 하지만 아닐 수도 있다는 생각이 든다. 불타 님 말대로 좋아하는 것, 취향이라는 것은 성별과는 상관이 없다는 말이다. 내가 여자였더라도 난 파란색이 좋고 자동차를 좋아했을 거란 생각이 들었다.

"사실 제 진짜 고민은 따로 있어요. 제가 이 방에 들어온 진짜 이유요."

불타 님이 진지하게 말을 꺼냈다.

덕밍아웃할까요? 말까요?

홍당무 님이 들어왔습니다.

불타 님이 진짜 고민을 이야기하려는 순간, 새로운 참여자가 들어왔다. 나는 얼른 홍당무 님께 인사했다.

"안녕하세요? 홍당무 님! 반갑습니다. 여기는 고민 상담 방입니다. 자기 고민은 털어놓되 이름, 나이, 성별은 밝히지 않는다는 규칙이 있어요. 그리고 반말은 금지입니다😊."

#취향_이란?

요즘 유행어 중 '취존'이란 말이 있습니다. 취향 존중의 줄임말로 나의 취향을 존중해 달라는 뜻으로 사용하지요. 여러분도 누군가로부터 자신의 취향을 유치한 것 혹은 나쁜 것 등으로 취급받은 적 있나요? 취향의 정확한 뜻은 무엇일까요? 더 나아가 나의 취향을 정확히 아는 것, 누군가의 취향을 존중하는 일은 왜 중요할까요?

취향의 사전적 의미는 '하고 싶은 마음이 쏠리는 방향'입니다. 이탈리아 철학자 베네데토 크로체에 따르면 이 단어는 16세기 이후부터 문헌에 나타났다고 합니다. 이후 18세기가 되면서 프랑스와 영국에서도 취향을 일정한 사물에 대하여 그 아름다움에 따라 호불호를 판단하고 선택하는 능력이라는 의미로 생각하게 되었어요. 이것이 독일 철학자인 칸트의 '취향 판단' 또는 '취미 판단'입니다. 칸트는 《판단력 비판》이란 책에서 "유독 쾌(쾌락), 불쾌의 감정은 객관적일 수가 없다. 이 관계는 어떤 것에 자극받는 그대로 자기 자신이 느끼기 때문이다."라고 말했습니다.

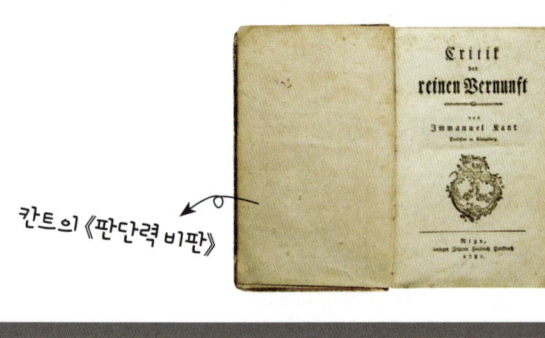

칸트의 《판단력 비판》

이마누엘 칸트

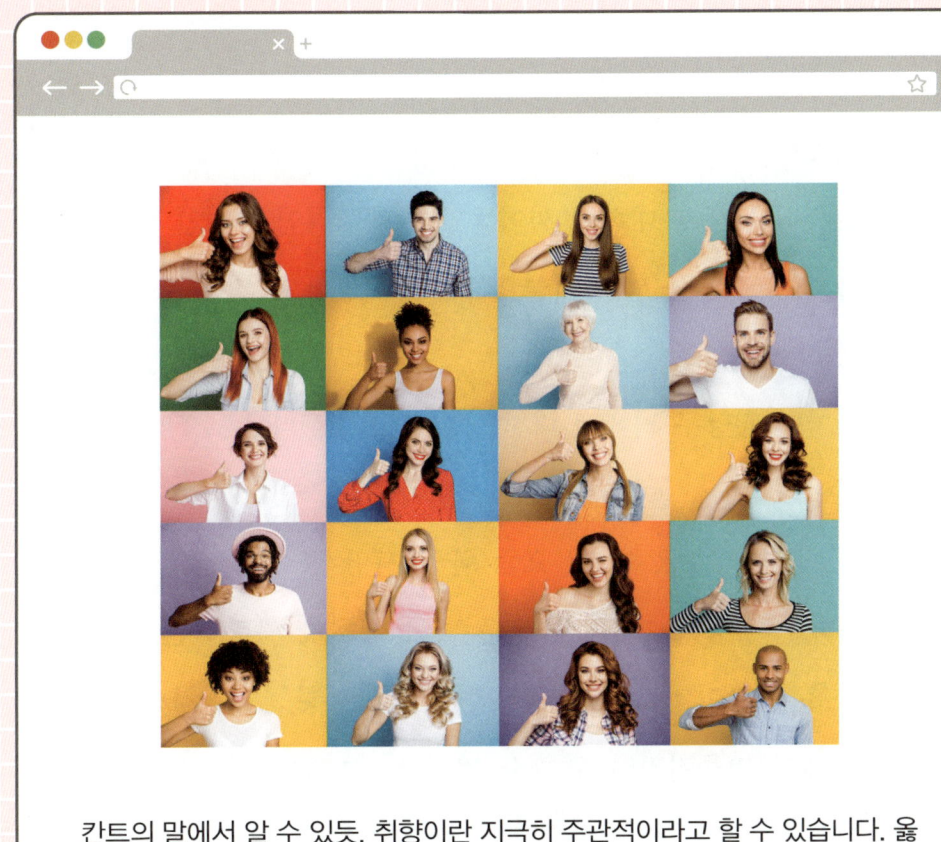

칸트의 말에서 알 수 있듯, 취향이란 지극히 주관적이라고 할 수 있습니다. 옳고 그름의 문제가 아니라는 뜻이지요. 가령 내가 '탕수육에는 소스를 부어 먹어야 맛있다.'고 느끼는 게 내 입맛에 따른 취향일 뿐 '찍먹파'에게 공격을 당할 일이 아닌 것처럼 말이지요. 다른 사람이 나의 취향을 존중해 준다는 것은 그들에게서 나의 존재를 존중받는다는 뜻도 됩니다. 나의 취향은 나의 존재를 설명하는 또 다른 요소이기 때문이지요. 그렇다면 상대의 취향을 존중하는 것 역시 중요하겠지요? 나의 존재가 중요하듯 타인의 존재 역시 중요한 것이니까요.

"네 알겠습니다! 근데 지금 무슨 얘기 하는 중인가요? 저도 알려 주세요 😬."

홍당무 님은 바로 대화에 끼어들었다. 적극적인 성격인 듯했다.

"불타 님이 고민을 막 털어놓으려던 참이었어요. 진짜 고민이 뭔데요? 불타 님?"

원싸 님이 홍당무 님에게 대신 상황을 설명했다.

"사실……, 저…… 방탕한 녀석들 팬이에요."

"그게 고민이에요? 왜요? 요즘 한국 사람 중에 방탕한 녀석들 안 좋아하는 사람 있어요? 한국을 넘어 세계가 사랑하는 아이돌인데! 아휴, 정말이지 너무 자랑스럽다니깐, 훙훙."

불타 님이 머뭇거리며 말하자 예쁘 님이 대수롭지 않다는 듯 말했다.

"아, 아니 그게 아니라. 그냥 좋아하는 수준이 아니고요. 찐팬이라고요. 저 방탕한 녀석들 팬클럽 7기예요."

방탕한 녀석들? 요즘 초등학생 사이에서도 큰 인기를 끌고 있는 남자 아이돌 그룹이었다. 빌보드 차트를 휩쓸며 K팝을 세계에 알리는 데 일조하고 있는 대단한 그룹이라고 뉴스에도 자주 나왔다. 난 불타 님이 왜 고민하는 지 알 것 같았다. 남자가 남자 아이돌 팬클럽에 가입했다는 걸 들키면 초등학생인 나라도 친구들에게 엄청 놀림을 당할 게 뻔하기 때문이었다.

"아 혹시…… 불타 님 닉네임이…… 방탄한 녀석들 노래 제목 '불타오르네' 할 때 '불타'예요?"

"네. 사실…… 맞아요."

.

원싸 님의 추리가 맞았다. 불타 님 닉네임이 방탄한 녀석들 노래 제목에서 따온 거란 말에 홍당무 님이 크게 웃었다.

"전 주변 사람에게 덕밍아웃(덕질과 커밍아웃의 합성어로 무엇인가를 열정적으로 좋아하는 자신의 모습을 남들에게 공개한다는 뜻의 인터넷 용어)하고 싶어요. 근데 안 되겠죠? 안 그래도 남자 놈이 귀걸이에 반지 끼고 아이라인까지 그리고 다닌다고 시비 거는 사람 천지인데……, 군대까지 다녀온 성인 남자가 남돌 콘서트 다니고 팬클럽 회원이란 걸 알면 지금보다 더 놀리겠죠?"

"주변 반응이 어떨지 다 알면서도 덕밍아웃이 하고 싶다는 거예용?" 이번엔 예삐 님이 물었다.

"네……. 학교에서 후배들이 방탄한 녀석들 얘기할 때면 괜히 움찔해요. 같이 껴서 폭풍 수다 떨고 싶거든요. 덕질하는 사람은 잘 알 거예요. 그 공감대 형성이란 게 얼마나 귀한 경험인지. 그리고 이제 더는 이리저리 핑계 대고 남몰래 콘서트 다니기도 싫고

요. 남자가 남자 아이돌 노래 좋아하는 게 무슨 죄인가요?"

불타 님은 다시 한번 열변을 토했다. 가만 보면 불타 님은 말을 참 잘한단 말이야. 묘하게 설득력이 있다. 듣고 보니 틀린 말이 없었다. 남자라고 남자 아이돌 노래를 듣지 말라는 법은 없잖아?

나는 오랜만에 대화에 끼어들었다. 불타 님이 처음 화를 낸 뒤

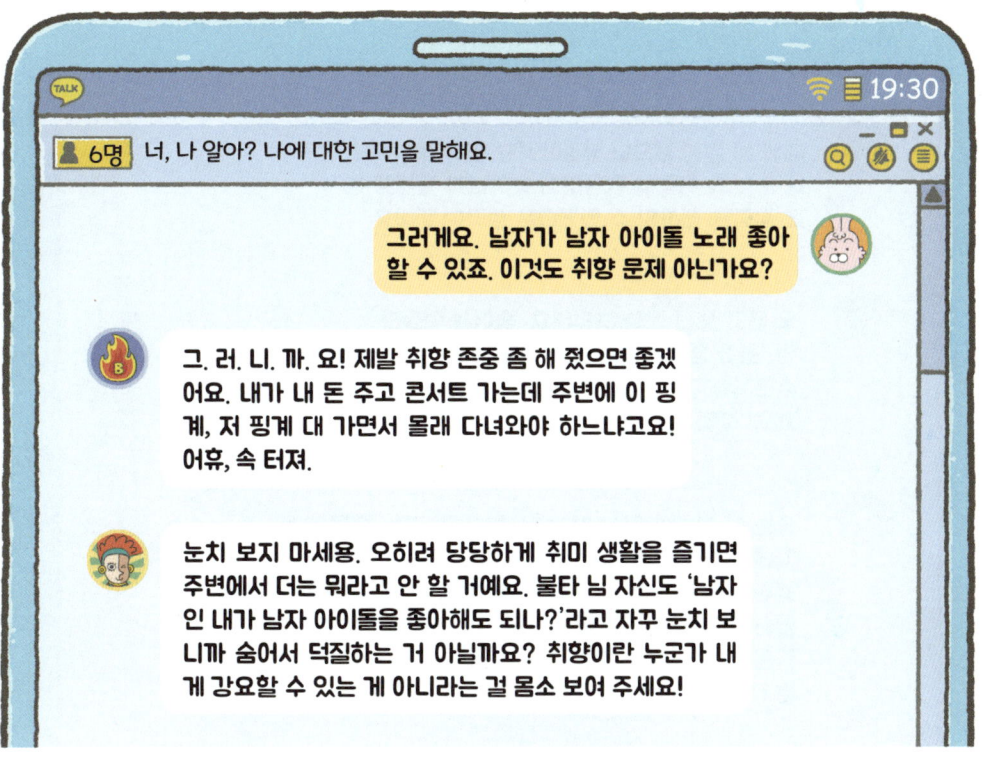

로 좀처럼 대화에 끼기가 어려웠다.

불타 님은 여전히 흥분한 상태였다. 그동안 정말 덕밍아웃하고 싶었나 보다. 나도 레고 덕후라 레고를 조립하고 모으는 걸 무척 좋아하는데 누가 그걸 어린애나 하는 놀이라고 말하면 무척 화가 날 것 같다. 누구에게나 무엇이든 좋아하고 즐길 권리가 있는데 말이야!

예삐 님은 진심으로 불타 님에게 조언했다.

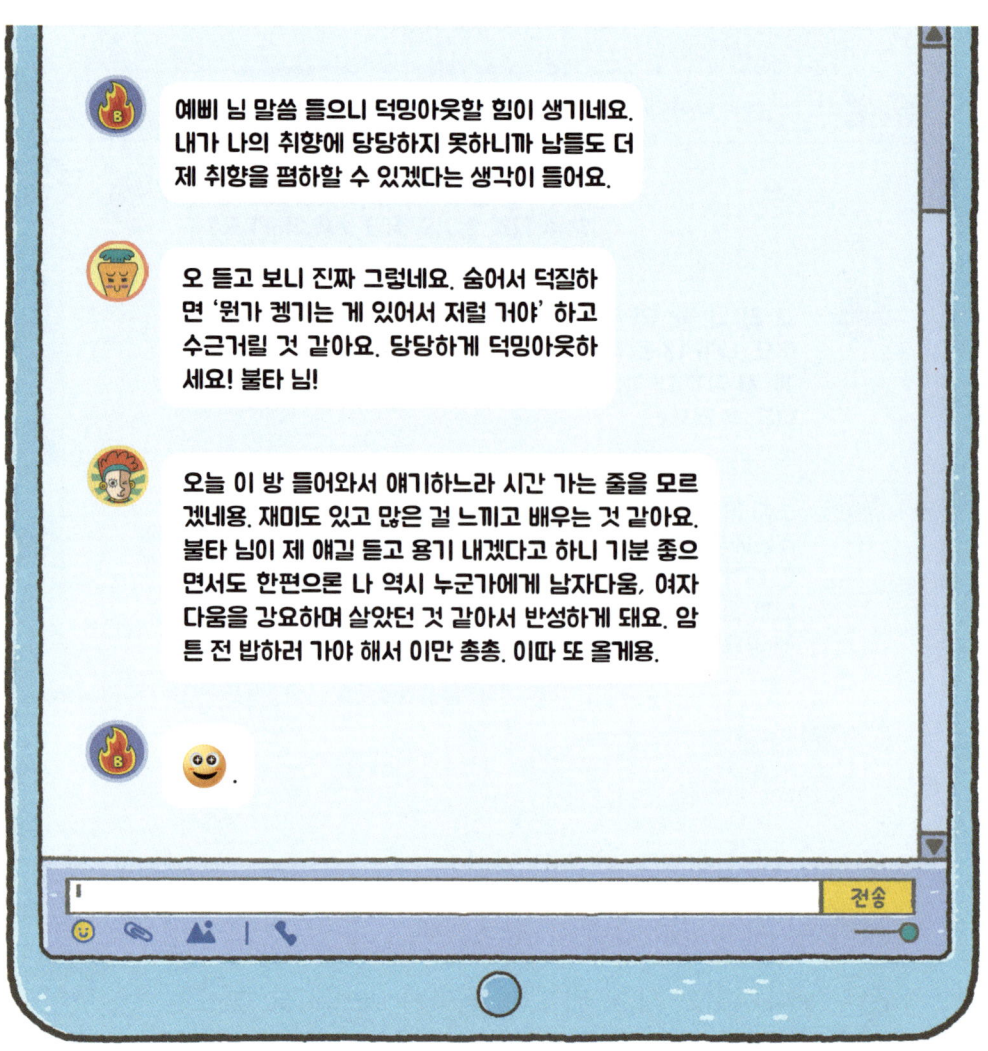

　　예삐 님 조언을 듣고 불타 님은 덕밍아웃을 결심한 듯 보였다. 홍당무 님도 그런 불타 님의 모습이 좋아 보였는지 함께 응원했다.
　　예삐 님의 솔직한 말에 불타 님이 감동해 눈을 반짝이는 이모티콘을 날렸다.

"그럼 우리 다들 저녁 먹고 다시 모이는 거 어때요😬? 재밌다."

"좋아요! 다들 이따 만나요!"

예삐 님이 다시 방에 들어올 것을 약속하며 떠나자 다른 사람들도 하나둘씩 자리를 떠났다. 나도 인사말을 남기고 채팅방을 나와 메모장을 켰다. 그리고 방금 대화를 통해 느낀 점을 적어 내려갔다.

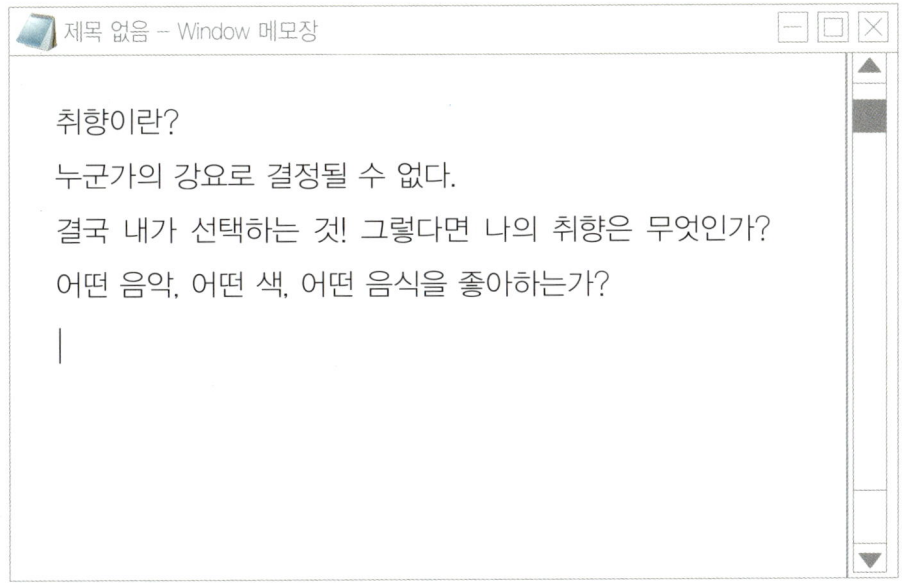

생물학적 성 VS 사회적 성

청소년이 사춘기를 겪으면서 가장 크게 느끼는 것 중 하나가 신체 변화입니다. 흔히 말하는 2차 성징이 두드러지게 나타나는 시기지요. 그렇기에 사춘기에 접어든 청소년은 성에 대한 다양한 호기심을 갖기 마련입니다. 아래 두 가지 다른 성에 대한 사전적 정의를 읽고 한국 사회에서 말하는 사회적 성에는 무엇이 있는지 생각해 봅시다.

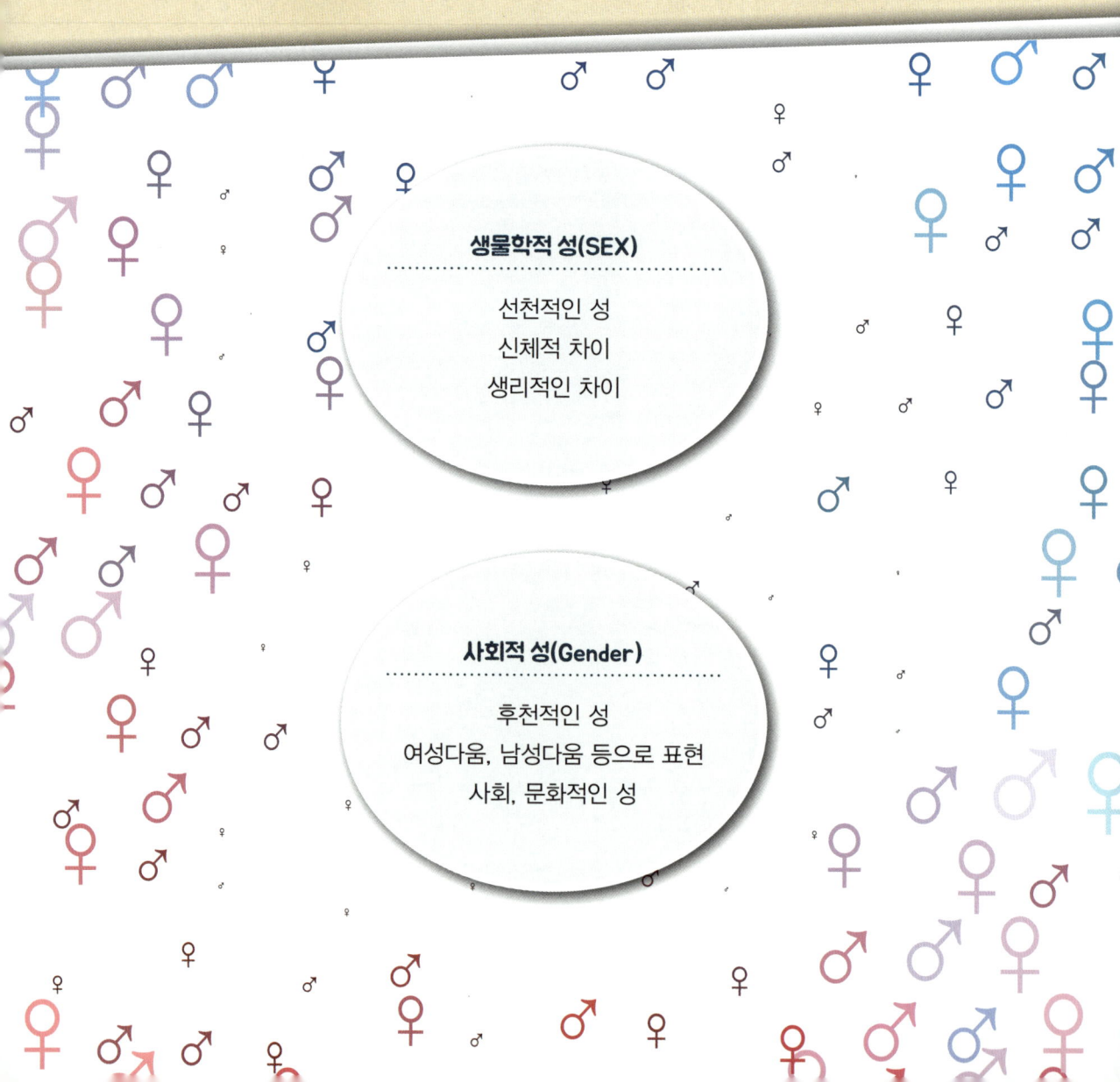

생물학적 성(SEX)
선천적인 성
신체적 차이
생리적인 차이

사회적 성(Gender)
후천적인 성
여성다움, 남성다움 등으로 표현
사회, 문화적인 성

성별이 사회적, 문화적으로 구성된다는 점을 강조한 용어인 '젠더'는 성 역할이나 성 정체성이 불변하는 것이 아니라 역사적, 문화적, 사회적 상황에 따라 변화한다는 점을 전제로 하고 있습니다.

사람의 성별 구분에 '젠더'라는 용어를 처음 사용한 분야는 성의학과 심리학입니다. 1980년대부터는 여성학을 비롯하여 심리학, 철학, 역사학, 문화인류학, 자연과학 등의 분야에 도입되어 하나의 분석 범주가 되면서 이 개념은 널리 사용되었지요. 1993년 미국식품의약국(FDA)은 남녀를 구별할 때 '젠더'를 사용하기 시작했고 2011년 '성(sex)'을 생물학적 분류로, '젠더'를 남성 또는 여성으로서의 자기표현과 같은 말로 변경하였습니다. 미국 문화인류학자인 마거릿 미드는 뉴기니, 발리 등 남녀 간 성 역할이 바뀐 원시 부족의 삶을 연구하면서 남녀의 차이는 생물학적 요소에 의해 타고난 것이 아니라 사회적으로 강요되는 역할로 결정된다는 이론을 발표했습니다.

마거릿 미드(Margaret Mead)

토론왕 되기

남자는 가정주부 하면 안 되나요? 여자는 가장이 될 수 없나요?

오예! 오므라이스다!
난 아빠가 만든 오므라이스가 젤로 좋아요!

이 녀석아, 아깐 꿀 고구마가 세상에서 제일 좋다며! 하여튼 너스레는.

아 그랬나요? 킥. 근데 엄마는요? 오늘 야근이래요?

응. 오늘 야근이래. 우리끼리 후딱 먹고 치우자.

근데 아빠. 아빠도 남자가 할 일, 여자가 할 일이 정해져 있고 남자 취향, 여자 취향 뭐 이런 게 있다고 생각하세요?

인마. 아빠를 봐라. 아빠가 그런 성 고정 관념에 얽매인 사람이었으면 일 그만두고 너 어렸을 때부터 이렇게 육아와 가사를 도맡아 하고 있겠니?

아니 뭐. 상황에 따라 하기 싫은데 억지로 하는 걸 수도 있잖아요.

전혀. 아빤 네가 두 살 되던 무렵부터 가까이에서 네 성장을 지켜보며 너와 함께 할 수 있어 무척 기쁘고 좋았단다. 물론 지금도 그렇고.

 근데 보통은 엄마가 그 역할을 하잖아요. 아빠들은 돈을 벌어 오시고요. 전 우리 집에서 엄마, 아빠 역할이 바뀌었다고 해서 이상하다고 생각해 본 적은 없지만…….

왜? 친구들이 이상하다고 그래?

 음…… 아빠가 언제 다시 회사 가냐고 자꾸 물어봐요. 다들 아빠가 잠시 가정주부 역할을 하고 있다고 생각하는 것 같아요.

오호 그렇구나. 그래 아직도 대부분의 가정에서 경제 부분을 남자가 책임지니까 다들 그렇게 생각 할 수 있겠구나.

 근데 제가 보기엔 아빠와 엄마는 지금 맡은 역할이 더 잘 어울리는 것 같아요.

그래! 하하하! 어서 밥 먹자꾸나.

여러분의 부모님은 집에서 각각 어떤 역할을 하시나요? 주로 식사를 담당하는 것은 누구인가요? 집안의 경제 상황을 책임지고 있는 사람은 누구인가요? 시대가 변할수록 남, 여에게 주어진 성 역할에도 경계가 무너지고 있다지만 여전히 우리는 은연중에 '이건 남자가 할 일, 저건 여자가 할 일'이라며 성별에 따라 역할이나 책임을 나누곤 합니다. 위에 나오는 윤이와 아빠의 대화를 읽고 성 역할 고정 관념에 대한 여러분의 생각은 어떤지 친구들과 얘기해 봅시다.

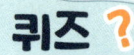 **다음은 '취향'에 관한 설명입니다. 틀린 것은 무엇일까요?**

1 취향이란 무엇인가를 하고 싶은 주관적인 마음이다.

2 나의 취향을 타인에게 강요할 수 없다.

3 취향도 맞다, 혹은 틀리다로 정의할 수 있다.

4 개인의 취향은 존중되어야 한다.

정답
③번

🌧️ 존재감 없는 나, 이대로 괜찮을까요?

"근데 예삐 님 고민은 뭐였어요?"

홍당무 님이 물었다.

저녁을 먹고 사람들은 다시 하나둘씩 대화방으로 모였다. 예삐 님은 좀 늦는 듯했다. 잡담을 하며 예삐 님을 기다리는데 대화가 자연스럽게 예삐 님 이야기로 흘러갔다.

"아, 홍당무 님이 제일 마지막에 들어왔죠? 예삐 님의 고민이요 🤪? 쌍수할까 말까래요."

"진짜요? 어쩜 울 엄마랑 똑같지 😮? 울 엄마도 맨날 쌍수한다 했다가 다시 안 한다 했다가 진짜 벌써 몇 년째 그 소리거든요. 예삐 님 혹시 우리 엄마인가😁?"

원싸 님 대답에 홍당무 님이 놀라며 말했다.

"예삐 님이 얘기하는 걸 보면 학생은 아닌 것 같죠? 쌍수 고민한다는 것 자체가 젊지 않다는 뜻인데. 어른들은 성형 수술에 좀 더 보수적이니까요. 홍당무 님 어머니도 쌍수 고민하시는구나😮. 암튼 그래도 예삐 님이 있으니까 고민 상담이 더 매끄럽게 진행되는 것 같지 않아요?"

불타 님도 한마디 거들었다.

"그건 그래요. 첨엔 '여자가 맨 얼굴로 밖에 나가면 안 된다.', '예쁜 여자가 대접받는다.' 이런 식이라 진짜 당황스러웠거든요😅. 근데 같이 이야기해 보니 꽉 막힌 분은 아닌 것 같아요. 잘못한 건 잘못했다, 반성한다, 인정도 바로 하고요. 또 확실히……, 삶의 지혜랄까? 어떤 부분에선 우리보다 더 유연하신 것 같기도 해요."

불타 님 말을 듣던 원싸 님도 동감한다는 듯 말했다. 그때였다.

> 예삐 님이 들어왔습니다.

"다들 들어왔네요. 늦었습니다. 쏘리……."
"예삐 님! 어서 오세요.

원싸 님이 제일 먼저 예삐 님을 반겼다. 탄내 님은 방을 나간 것 같지는 않은데 아까부터 쭉 아무런 말이 없었다.

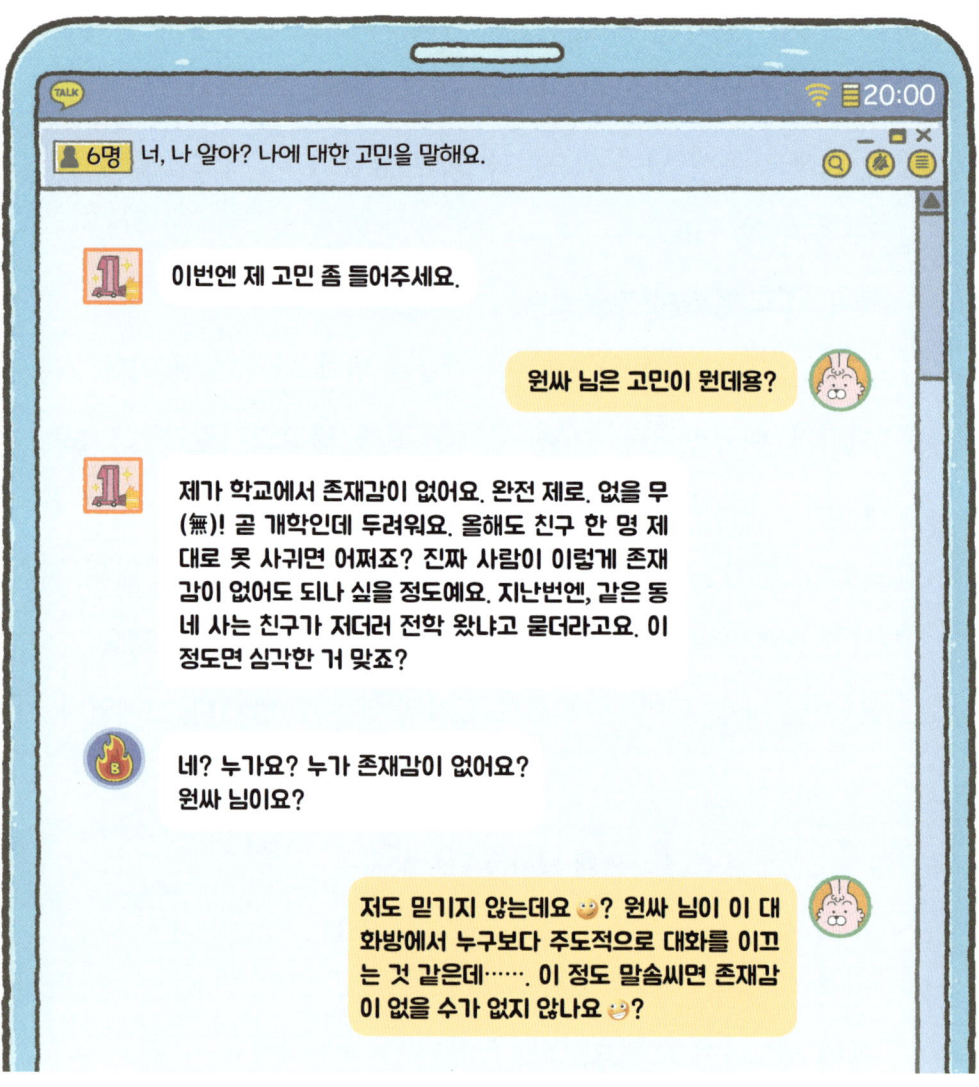

3장 오늘 밤 주인공은 '나야 나!'

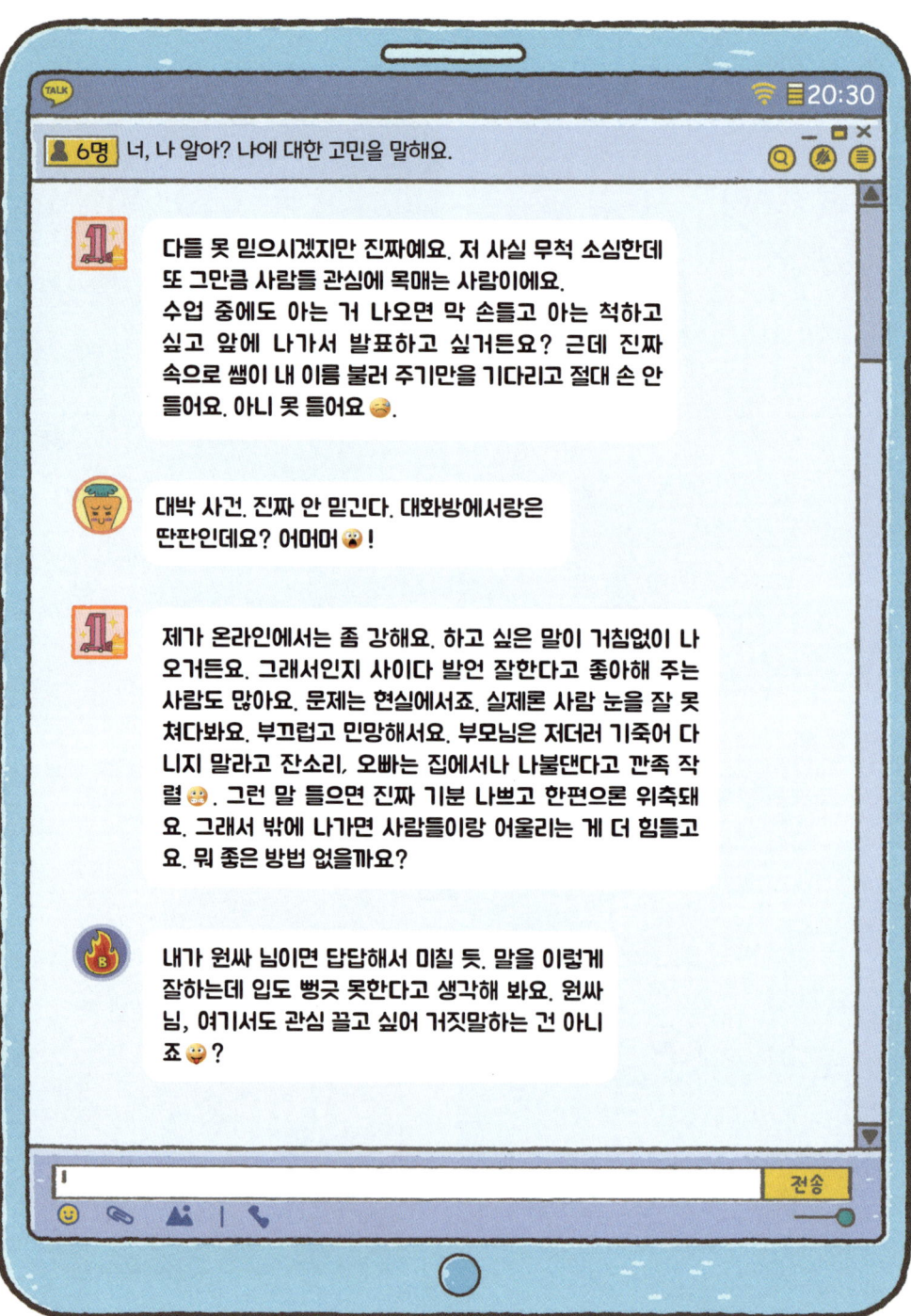

불타 님 진짜 이럴래요? 거짓말 아녜요! 정말 답답해서 미치겠어요. 현실에서 말 한마디 제대로 못하는 저 자신이 바보 같아서 신경질 나고 짜증 나요. 화도 나고요. 하지만 뭘 어떻게 해야 할지 모르겠어요. 정말로요.

아무리 고민을 털어놔도 자꾸 의심하는 사람들 때문에 원싸 님은 화가 난 듯했다.

그럼 스트레스는 어떻게 풀어요? 그 정도면 진짜 속병이 들 것 같아용.

스트레스요? 사실 저…… 바나나 라이더 잘해요! 경주하는 게임 다들 아시죠? 전 게임으로 스트레스 풀어요 😀.

원싸 님의 말을 가만히 듣고 있던 예삐 님이 물었다. 원싸 님은 금세 태도가 바뀌어 대답했다. 바나나 라이더? 스포츠카 대신 바나나 껍질을 타고 경주하는 게임이었다. 게임에 관심 없는 사람이라도 아이디 하나쯤은 가지고 있다는 전설의 게임, 바나나 라이더! 그러고 보니 원싸 님 닉네임이 익숙하다 했더니……?

요즘 바나나 라이더 모르는 사람 없잖아요. 아 맞다! 바나나 라이더 랭킹 1위 게이머 닉네임도 원싸잖아요. 바나나 라이더 원싸 따라 한 거예요?

홍당무 님이 원싸 님에게 물었다. 그랬다. '원싸'라는 닉네임은 이미 몇 년째 바나나 라이더에서 랭킹 1위를 고수하고 있는 유명한 게이머가 쓰는 닉네임이었다. 바나나 라이더 원싸! 하면 모르는 사람이 없었다. 줄여서 '바라 원싸'! 요즘 초등학생들은 오직 '바라 원싸'를 제치기 위해 바나나 라이더를 했다.

 그거 사실 저예요.

 뭐가요?

 '바라 원싸'요. 그거 저라고요. 제가 그 바라 원싸라고요.

원싸 님의 고백에 채팅방은 순간 조용해졌다.

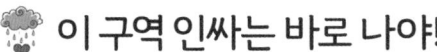 이 구역 인싸는 바로 나야!

"이건 또 무슨 소리예요? 진짜예요? 원싸 님이 '바라 원싸'라고요?"

홍당무 님은 믿을 수 없다는 듯 연신 같은 질문을 해 댔다.

"말도 안 돼. 원싸 님이 바나나 라이더 그 원싸라고요?"

"불타 님도 아세요?"

원싸 님의 고백이 믿기지 않는 건 불타 님도 마찬가지인 듯했다. 나는 불타 님이 바나나 라이더를 알고 있다는 게 신기했다.

"아 당연하죠! 제가 바나나 라이더계의 시조샙니다. 초딩 때부터 지금까지 쭉하고 있다고요. 바라하는 사람 중에 원싸 모르는 사람 있어요? 기본 아이템만 가지고 랭킹 탑 찍은 게 벌써 몇 년째예요. 나는 그렇게 캐쉬 충전해서 장비 써도 안 되던데. 암튼 원싸 님 아까 소심한 관종이라면서요. 우리끼리는 거짓말하지 맙시다. 여기서도 관심 끌고 싶어서 거짓말하는 거 아녜요?"

"아 진짜 아까부터 왜 그러세요? 거짓말 아니라니까요? 그리고 바라 원싸 저 맞아요. 인증이라도 해 드려요?"

불타 님의 계속되는 의심에 원싸 님은 기분이 상한 것 같았다. 그러더니 곧바로 사진 한 장을 채팅방에 올렸다.

"헉? 진짜네?"

"와! 바라원싸 님! 만나 뵙게 되어 영광입니다😛!"

홍당무 님과 불타 님이 놀라며 말했다. 대화방은 난리가 났다. 원싸 님이 바나나라이더 개인 정보 페이지를 컴퓨터 화면에 열고 그 옆에 '고민 상담 채팅방 참여자 원싸! 진짜라고! 202X년 2월 19일, 토요일 저녁 8시 47분. 인증샷.'이라는 글자를 써서 찍은 사진을 올렸다. 와, 이렇게 바라 원싸 님을 만나다니! 나는 원싸 님의 인증샷을 보고도 믿기질 않았다. 또 너무나 신기했다.

"헐. 진짜 '바라 원싸'네."

탄내 님이었다. 한참 말이 없길래 다른 볼일을 보러 갔나 했는데 눈팅(채팅방에서 대화에 끼어들지 않고 눈으로만 지켜본다는 뜻의 채팅 용어) 중이었나 보다.

"진짜 원싸 님이 인터넷에서 유명한 사람이에용?"

예삐 님이 궁금하다는 듯 우리에게 물었다.

"네! 찐으로 유명해요! '바라 원싸' 님을 이렇게 만나다니! 아니 원싸 님. 대체 고민할 게 뭐가 있어요! 당장 학교에 가서 내가 바라 원싸다! 밝히면 되겠네요. 그럼 바로 인기 수직 상승!"

홍당무 님은 마치 자기 일인 것처럼 신이 나서 떠들었다.

"어휴. 저도 그러고 싶죠. 그리고 진짜 그렇게 말해 볼까 생각도 했는데요. 솔직히 아무도 안 믿을 것 같아요. 제가 작년에 같은 반이었는지 모르는 애가 수두룩한데 거기다 대고 '바라 원싸'라고 하면 누가 믿어 줄까요. 진짜 자괴감 어쩔."

원싸 님은 다시 시무룩해졌다.

"그럼 원싸 님은 어떤 게 본캐에요? 바라 원싸가 본캐고 현실에서 존재감 없는 사람이 부캐인가😛?"

"불타 님 웃지 마세요! 근데 진짜 뭐가 제 본 캐릭터고 뭐가 제 부 캐릭터일까요? 혼란스럽네요."

3장 오늘 밤 주인공은 '나야 나!'

불타 님의 말에 원싸 님이 발끈하며 말했다.

"오홍홍. 요즘 그 유린기인가 유산슬인가 하는 것처럼 원래 자기 모습 말고 제2의 모습으로 활동하는 걸 '부캐'라고 하는 거 맞죠? 표현이 참 재밌어요. 다들 어쩜 그렇게 기발한지 몰라. 난 좋아 보이는데요? 유재식만 본캐, 부캐 가지라는 법 없죠. 우리도 한

세상에 하나뿐인 특별한 나

두 개씩 가지면 좀 어때요?"

예삐 님이 재미있다는 듯 박장대소하는 이모티콘을 날렸다. 부캐? 그러고 보니 요즘 너나 할 것없이 여러 개의 자아를 가지는 게 유행인 것 같다. 이곳 오픈 채팅방에서도 비슷했다. 이름과 나이, 사는 곳을 밝히지 않은 채 닉네임만을 걸고 이야기 나누고 있으니 말이다. 이곳 사람들은 나를 '김온'이 아닌 '토순이' 혹은 '방장'으로만 알고 있는데……, 그렇다면 지금 나도 또 다른 자아를 활용한다고 볼 수 있지 않을까?

"근데 저처럼 본캐랑 부캐가 이렇게 다를 수도 있나요? 스트레스 푸느라 게임에 몰두하다 보니 '바라 원싸'로 유명해졌고 그동안 사람들한테 받고 싶었던 관심을 원 없이 받으니까 너무너무 좋긴 해요. 또 비매너로 게임하는 사람한테 사이다 발언도 잘해요. 하지만 현실이었으면 어림도 없는 일이죠. 짝꿍한테 인사도 겨우 하는데 사이다 발언이 가당키나 하겠어요? 그래서 어떨 땐 온라인 세상에 숨어 버리고 싶다고 생각해요."

원싸 님은 하소연하듯 말했다.

"인간에게는 여러 모습이 존재하잖아요. 친구들 앞에선 거칠고 장난만 치는 사람이 좋아하는 사람 앞에선 한없이 수줍어지기도 하고, 또 집에선 가족에게 데면데면하지만 학교에선 인싸인 사람도 있는 것처럼요. 우리에게 다양한 자아가 있다는 건 당연한 일인데 원싸 님 스스로 죄책감을 느끼는 것 같아 안타깝네요."

"다중 인격 하면 저죠. 사람들 앞에선 나 꾸미는 일 외엔 그 무엇에도 관심 없는 척, 무심한 척, 알고 보면 방구석에 몰래 숨어서 방탕한 녀석들 콘서트 영상 돌려 보고요😢."

"😂 아 불타 님 진짜 웃기셔. 맞아요 원싸 님. 불타 님에 비하면 아무것도 아니에요. 너무 혼란스러워하지 마세요."

원싸 님 고민에 모두 각자의 방식으로 따뜻한 조언과 위로를 건넸다.

"힝. 다들 왜 이렇게 따뜻해요? 눈물 날 것 같아요. 비상이다🥲. 예삐 님 말처럼 그동안 저 스스로가 이중인격 같기도 하고 사람들을 속이는 듯해서 혼란스럽고 죄책감도 느꼈어요. 온라인에서처럼 뜻대로 움직여지지 않는 현실 속 내 모습도 무척 싫었고요. 하지만 이제부터는 나에게도 다양한 모습이 있다는 걸 인정하고 받아들여야겠어요. 현실에서 말 좀 못하면 어때요? 온라인에서 하드 캐리(실력이나 역량이 월등하게 뛰어난 플레이어가 팀을 승리로 이끄는 일) 하는 나도 나 맞죠?"

"그럼요😊 원싸 님 파이팅!"

나도 원싸 님을 진심으로 응원했다. 사람들의 응원 덕분인지 원싸 님은 마음이 한결 편해진 듯했다.

　나는 다시 메모장을 켰다. 문득 나의 본캐와 부캐는 무엇인지 궁금해졌기 때문이었다. 나의 자아는 몇 개일까? 그중 어떤 게 진짜 내 모습일까? 그렇게 나의 메모장은 또 여러 가지 질문으로 가득 찼다.

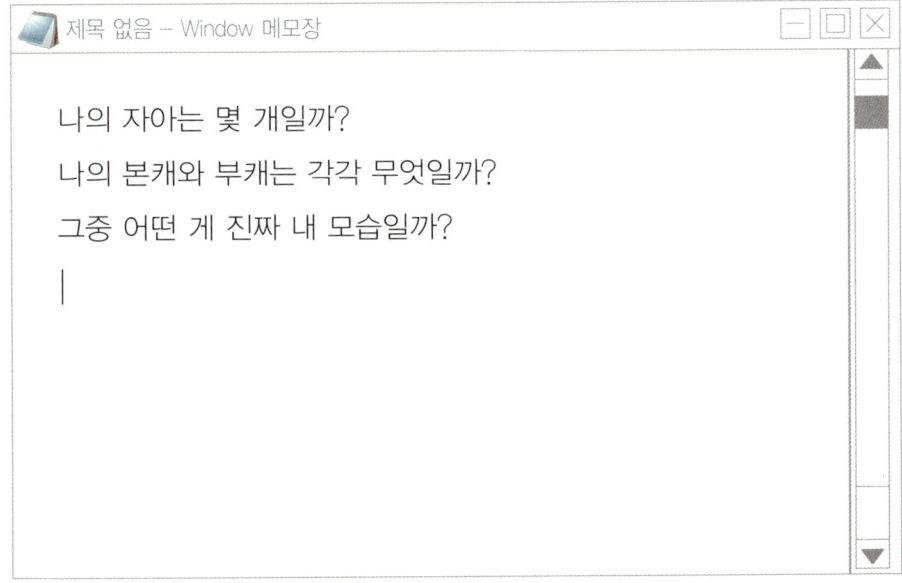

#사회적_역할이란?

우리는 살면서 알게 모르게 다양한 역할을 가지게 됩니다. 집에서는 장녀, 학교에서는 환경미화부 부장, 친구들 사이에서는 돈 관리 담당 총무 등과 같이요. 요즘 유행하는 말로 다양한 '부 캐릭터'를 갖고 있는 셈이지요. 그렇다면 사람은 왜 이렇게 다양한 사회적 역할을 갖게 되는 걸까요?

사회적 존재

흔히 인간을 사회적 존재라고 합니다. 인간은 개인으로 존재하고 있어도 홀로 살 수 없으며 사회 안에서 타인과 관계를 맺고 더불어 살아갑니다. 그리고 이때 서로 영향을 주고받으며 인간다운 인간으로 성장합니다. 타인과 더불어 살기 위한 사회 규범과 행동 양식을 배우고 내면화하며 자신이 속한 사회의 구성원으로서 성장하는 것이지요.

고대 그리스 철학자 아리스토텔레스 역시 사회적 존재로서의 인간에 대해 강조했습니다. 그는 《정치학(Politics)》이란 작품에서 '인간은 정치적 동물'이라고 말했는데 이것이 '인간은 사회적 동물이다'라고 번역되어 오늘날까지 전해지고 있습니다. 이는 인간은 공동체를 이루며 살아갈 수밖에 없는 존재라는 뜻이기도 합니다.

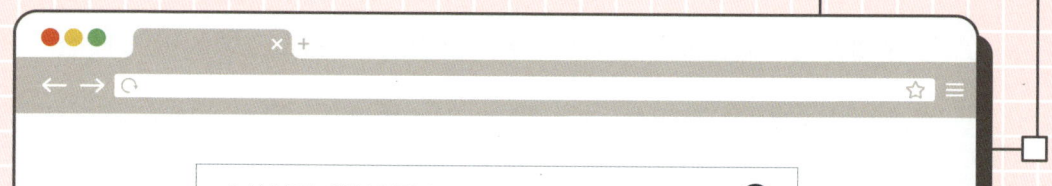

아리스토텔레스(Aristoteles)

사회적 역할
미국 철학자이자 사회심리학자인 조지 허버트 미드가 만든 개념으로 인간의 행동을 설명할 때 쓰입니다. 인간에게는 저마다 다른 사회적 지위나 위치가 주어집니다. 그리고 거기에 기대되는 행동이 있기 마련이지요. 인간이 자신에게 주어진 사회적 지위나 역할을 잘 수행하기 위해 노력할 때 우리는 그것을 '사회화'라고 말합니다. 인간은 사회화 과정을 겪으며 또 다른 나의 모습을 만나게 됩니다. 이때 내가 가진 사회적 역할에는 무엇이 있는지 짚어 보는 일이 중요합니다.

미드의 말에 따르면 인간 자아에는 'I'와 'Me'가 있는데 'I'는 주체적 자아로서 자주적 행동을 유발하는 개인적 측면의 '나'이고, 'Me'는 사회의 규범과 가치 및 기대가 사회화 과정을 통해 내면화된 사회적 측면의 '나'입니다. 결국 'I'와 'Me'는 개인이 겪는 사회적 경험과 관련이 있습니다.

이제 내게 있어 'I'와 'Me'의 모습이 각각 무엇일지 생각해 봅시다.

조지 허버트 미드(George Herbert Mead)

사람에게 주어지는 사회적 역할에는 무엇이 있을까?
부캐란 무엇일까?

사람은 살면서 다양한 사회적 역할을 수행합니다. 요즘 유행하는 말로 '부캐'에 해당하지요. 그렇다면 사람은 왜 여러 가지 사회적 역할을 맡게 되는 걸까요? 이는 내가 선택하는 것일까요? 아님 주어지는 것일까요?

부캐란? 본래 게임에서 사용하던 용어입니다. 온라인 게임 속에서 원래 내가 사용하던 게임 캐릭터가 아닌 특정 목적(게임 머니 획득, 이벤트 참여 등)을 달성하기 위해 부가적으로 새롭게 만든 '부 캐릭터'를 줄여 부르는 말이지요. 그러나 점차 이 용어는 일상에도 확대되어 평소 내 모습이 아닌 새로운 모습을 보여 줄 때를 가리키는 말로 사용되고 있습니다. 최근 개그맨 유재석이 예능 프로그램 '놀면 뭐하니?'를 통해 다양한 자아를 표현하며 '부캐'라는 단어를 사용하면서 더욱 유행하기 시작했습니다. '멀티 자아'라고도 불리는 이 용어와 그 유행을 통해 여러 자아를 갖고자 하는 인간의 욕구를 엿볼 수 있습니다. 또한 시간이 갈수록 가상 공간은 점차 확대되고 인간은 그 안에서 더욱 자유롭고 다양한 방법으로 자신의 또 다른 자아를 만들고 표현할 수 있게 되었지요. 여러분의 부캐는 모두 몇 개인가요? 그중 가장 마음에 드는 부캐는 무엇인가요?

부캐의 다른 표현으로는 '멀티 페르소나(Me and myselves)'란 말이 있습니다. 멀티 페르소나는 '다중적 자아'란 뜻으로 상황에 맞게 가면을 바꿔 쓰듯 다양한 정체성을 가진 현대인을 일컫는 말입니다. 김난도 서울대 교수가 주도하는 서울대 소비트렌드분석센터가 《트렌드 코리아 2020》에서 소비 트렌드 10개 중 하나로 제시한 개념입니다. 멀티 페르소나는 개인이 상황에 맞게 다른 사람으로 변신하여 다양한 정체성을 표출하는 것을 뜻합니다. 예컨대 회사나 학교 등 본래의 일을 할 때 퇴근 뒤 집에 있을 때 SNS 및 온라인으로 소통할 때 등 그 상황에 따라 다양한 정체성이 발현되는 것입니다.

출처: 2021. 5. 28 토익스토리

최근 유행하는 부캐 트렌드에 관해 알고 있나요?

- 잘 알고 있다 **65.9%**
- 들어는 봤다 **26.8%**
- 모른다 **7.3%**

부캐 트렌드에 대해 어떤 입장을 가지고 있나요?

- 긍정적이다 **96.2%**
- 부정적이다 **3.8%**

부캐에 관해 긍정적으로 생각하는 이유는? (복수 응답)

- 다양한 자아 표출 가능 **78.6%**
- 새로운 정체성 발견 **60.3%**
- 단조로운 일상 탈피 **46.1%**
- 좌절된 꿈 실현 **38.1%**
- 수입의 다변화 **21.4%**
- 기타 **0.9%**

여러분이 원하는 부캐의 종류는?

- 현재와 다른 직업(모습)을 가진 부캐 **45.1%**
- 현재와 다른 성격을 가진 부캐 **31.8%**
- 현재와 다른 콘셉트를 가진 부캐 (나이, 출생지, 가족 관계 등) **13.7%**
- 현재와 다른 외형을 가진 부캐 **6.6%**
- 현재와 다른 말투를 가진 부캐 **1.9%**
- 기타 **0.9%**

토론왕 되기

바야흐로 부캐 전성시대!
부캐는 누가? 왜? 만드는 걸까요?

 아빠는 인터넷에서 어떤 닉네임을 쓰세요?

갑자기 닉네임은 왜?

 그냥이요. 아빠는 온라인에서 어떤 모습인지 궁금해서요.

사실 아빠는 '시간 여행자'라는 닉네임을 써. 언제나 떠날 수 있는 내가 되고 싶은 아빠의 욕망을 담아 지었지.

 엥? 아빠에게도 그런 욕망이 있어요? 전혀 몰랐는데요? 시간 여행자라면 과거나 미래로 가는 거예요? 왜요?

음…… 그냥? 재밌잖아 크큭. 현실에서는 할 수 없는 일이니까. 물론 실제로 시간 여행을 할 수 있는 건 아니지만 닉네임이라도 그렇게 지어 잠깐 즐거운 상상을 해 보는 거지.

 사람들이 부캐를 만들려고 하는 이유가 뭘까요?

인간에게는 누구나 표현 욕구라는 게 존재하고 그래서 자기 자신을 조금씩 다르게 표현하고자 하는 욕망이 부캐라는 걸로 나타난 게 아닐까? 또 요즘은 글, 음성, 사진, 영상 등등 매체가 많다 보니 각 매체의 성격에 따라 나의 모습도 다르게 표현되고. 그러면서 부캐가 점점 늘어나는 게 아닐까?

 그럼 많은 캐릭터 중 진짜 나는 누구일까요?

 글쎄? 꼭 진짜 가짜를 찾아야 할까? 그 모두가 진짜 나일 수도 있고 그 중 서너 개만 진짜 나일지도 모르지.

 그럼 가짜인 모습은 거짓말인가요?
왜 그런 거짓말을 해요?

 아빤 그 거짓말이 아주 허튼 상상은 아니라고 생각해. 결국 그것 또한 내가 만들어 낸 캐릭터이고 나의 욕망을 담았을 거야. 나의 욕망은 나의 또 다른 모습의 표현이기도 하고 말이야.

 하지만 내 욕망이 만들어 낸 가짜 모습에 취해서
현실의 나와 헷갈리면요?

 그건 정말 중요한 지적이네. 현실과 달리 온라인에서 나는 어떤 모습인지 가만히 들여다보는 게 좋을 것 같다. 정말 나의 욕망으로만 만들어진 허상일 뿐이라면 경계하는 게 좋을 것 같아.

 현실의 내 모습도 어떨 땐 잘 모르겠는데 이젠 가상
공간에서의 내 모습까지 구별해야 하니 좀 어렵네요.

 그러게 말이야. 허허허.

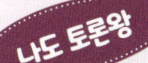

여러분은 원싸 님처럼 현실의 나와 온라인 속 내 모습이 달라 당혹스러움을 느껴본 경험이 있나요? 여러분의 온라인 속 닉네임은 무엇인가요? 그리고 그 닉네임은 무엇을 뜻하나요? 여러분도 온라인 속에서는 다른 모습이 되나요? 위에 나오는 대화를 읽고 오늘날 유행처럼 여겨지는 부캐릭터에 대해 생각해 봅시다.

 **다음은 무엇에 대한 설명일까요? 빈칸에 들어갈 알맞은 말을 적어 보세요.**

흔히 인간을 _____ 라고 합니다. 인간은 사회 안에서 타인과 관계를 맺고 더불어 살아갑니다. 그리고 이때 서로 영향을 주고받으며 인간다운 인간으로 성장합니다. 타인과 더불어 살기 위한 사회 규범과 행동 양식을 배우고 내면화하며 자신이 속한 사회의 구성원으로서 성장하는 것이지요.

정답: 사회적 존재

💗 10대인 나도 갱년기를 겪을 수 있나요?

"와! 원싸 님이 그 유명한 '바라 원싸'였다니 완전! 대. 박. 사. 건!"

홍당무 님은 무척 흥분했다. 원래 '바라 원싸' 님 광팬이라고 했다. 이렇게 만난 게 무척 영광이라며 홍당무 님은 했던 말을 하고 또 했다.

"호, 홍당무 님 진정하세요 🫠."

나는 홍당무 님을 말리려 했지만 진정할 기미가 안 보였다. 대화방은 홍당무 님 말풍선으로 가득 찼다.

"제가 좀 흥분했죠? 근데 너무 신기해서요! 하하하하!"

홍당무 님은 갑자기 웃고, 뛰어다니는 이모티콘으로 대화방을 도배하기 시작했다.

"방장님. 이런 건 제지 좀 하시죠? 아휴 정신없어."

탄내 님이 불쑥 나타나 말했다. 홍당무 님은 탄내 님의 정색에 민망했는지 도배를 멈췄다.

"죄송합니다. 제가 방 분위기를 엉망으로 만들었네요😢."

홍당무 님은 눈물 흘리는 이모티콘을 날리며 풀 죽은 말투로 말했다.

"괜찮아요. 채팅방에 이모티콘 좀 올릴 수도 있죠. 탄내 님 너무 뭐라고 하지 마세용."

예뻐 님이 얼른 홍당무 님을 위로했다.

"팬이라는데 우리가 이해해 주자고요! 저도 방탕한 녀석들 고독한 방(대화 없이 사진만 올리는 오픈 채팅방)에서 혼자 떠들다가 강퇴된 적 있어요😜."

불타 님은 홍당무 님 마음을 이해한다는 듯 말했다.

"정말 정말 죄송해요😥."

사람들이 괜찮다고 했지만 홍당무 님은 여전히 시무룩했다. 이번엔 눈물 흘리는 이모티콘으로 방을 도배하기 시작했다.

"아오. 정말! 또 시작이네! 또! 아깐 흥분해서 난리더니 이번엔 눈물 폭탄이냐?"

"탄내 님! 이 방에서 반말은 금지입니다! 존댓말 써 주세요!"

탄내 님이 대뜸 반말해서 방 분위기가 나빠질 것 같아 나는 얼른 탄내 님을 제지했다.

"죄송해요😭. 진짜 진짜 죄송해요. 제가 나갈게요. 모두 죄송합니다."

"에이 홍당무 님! 나가지 마세요. 우리 같이 더 얘기해요. 홍당무 님은 고민이 뭐예요? 이번엔 홍당무 님이 얘기 좀 해 봐요!"

냉랭해진 방 분위기에 홍당무 님이 방을 나가겠다고 하자 불타 님이 얼른 말렸다.

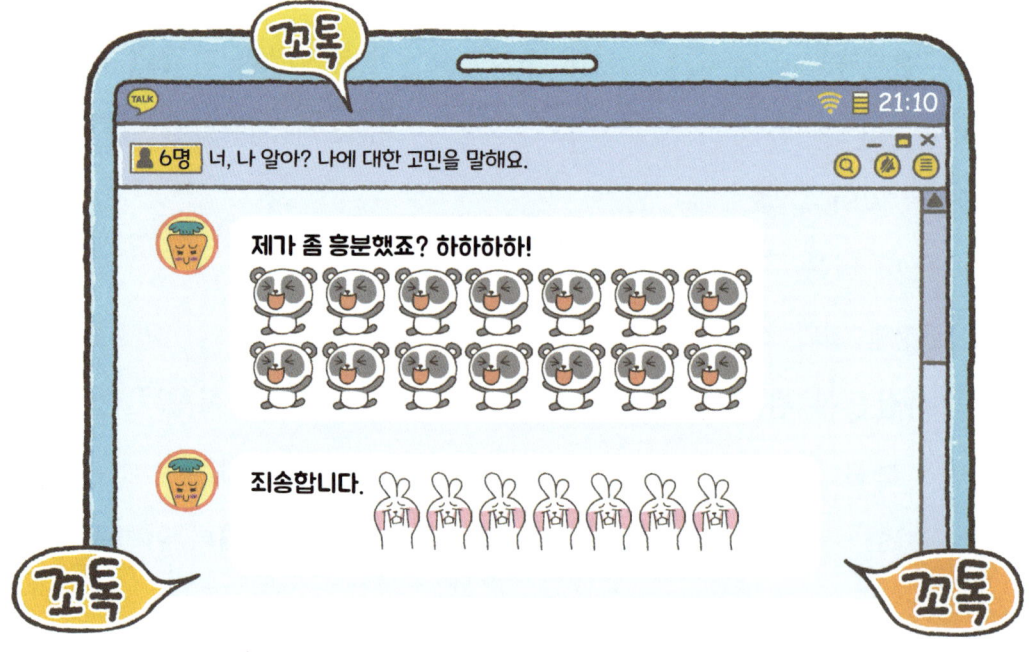

"그래요. 우리 돌아가며 고민 얘기했는데 홍당무 님만 아직 안 했잖아요! 얼른 말해 봐요!"

원싸 님도 기죽은 홍당무 님을 달랬다.

"😶 나도 아직 안 했는데, 쩝."

또 탄내 님이 눈치 없이 끼어들었다.

"탄내 님 고민은 젤 마지막에 들어 드릴게요. 홍당무 님한테 양보 좀 하세용."

난 속이 부글부글 끓었다. 처음 등장 때부터 지금까지 탄내 님이 자꾸 눈에 거슬렸다. 자기 할 말만 툭툭 내뱉고 잠적해 버리질 않나, 다른 사람한테 반말을 하질 않나. 어이구 진짜! 탄내 님에게 한마디 하고 싶었지만 참았다.

"여러분도 느끼셨겠지만……, 제가 기분이 좀…… 자주 들쑥날쑥해요. 아무래도 갱년기 같아요."

"갱, 갱년기? 그…… 엄마들이 겪는다는 갱년기요?"

"홍당무 님 10대 아니었어요? 사춘기가 아니라 웬 갱년기?"

홍당무 님이 고민을 털어놓자 원싸 님과 불타 님이 어리둥절했다. 나 역시 홍당무 님 말이 이해되질 않았다.

"갱년기용? 홍홍. 증상이 어떤데요? 제가 그쪽으론 전문이니 진단해 줄게용."

이번엔 예삐 님이 나섰다.

"증상이요? 음……, 하루에도 열두 번씩 기분이 바뀌어요. 기분이 막 좋았다가 또 금방 별거 아닌 일에 마음이 상해요. 계속 혼자 있고 싶어요. 가족들이 말 걸면 괜히 짜증이 나고 친구들이 조금만 서운하게 하면 눈물 나고요. 이거 갱년기 증상 맞죠?"

"아니 딱 봐도 사춘기고만 웬 갱년기? 너무나 사춘기 증상 아니에요?"

홍당무 님이 구구절절 고민을 이야기하자 불타 님이 아리송해하며 다른 채팅 참여자들에게 되물었다.

"저도 갱년기가 아니라 사춘기에 한 표요! 뜬금없이 무슨 갱년기예요😬. 혹시 몸에 나타나는 증상 있어요? 얼굴이 빨개진다거나 시도 때도 없이 덥다거나? 울 엄마가 갱년기거든요."

원싸 님도 홍당무 님은 당연히 사춘기라며 말을 보탰다. 근데 갱년기가 정확히 뭐지? 여자 어른들이 겪는 사춘기인가? 남자 어른은 상관없는 건가? 난 갱년기가 정확히 무엇인지 궁금했다.

"저도 제가 그냥 다른 10대들처럼 자연스럽게 사춘기를 겪고 있다고 생각했는데……, 오빤 저더러 병원에 가 보래요. 갱년기인 엄마보다 더 심하다면서요😢. 나도 내 기분이 마음대로 조절이 안 돼서 힘들다고요. 일부러 그러는 것도 아닌데 가족들이 절 환자 취급하니까 너무 슬퍼요. 며칠 전엔 '청소년 갱년기'라고 검색까지 해 봤다니까요."

"오빠가 말이 심했네."

홍당무 님이 하소연하듯 고민을 털어놓자 불타 님이 당황스럽다는 듯 말했다. 나도 고학년이 되면서 종종 기분이 가라앉곤 했다. 이유는 모르겠지만 그럴 때 엄마나 아빠가 말을 걸면 괜히 짜증이 나기도 했다. 나는 누구일까? 나는 커서 어떤 사람이 되어야 할까? 난 잘하는 게 뭘까? 방에 혼자 있을 때면 이런저런 생각에 잠기기도 했다. 질문을 스스로 던지다 보면 알 수 없는 답답함을 느끼며 다시 짜증이 났다. 아빠는 그런 내게 사춘기가 온 것 같다고 했다. 그리고 내 감정을 존중하겠다고 했다. 난 아빠의 그 말이 참 고맙고 따뜻하게 느껴졌었다. 하지만 홍당무 님은 그런 감정을 느낀다고 해서 가족들에게 환자 취급을 받으니 충격이었다. 누군가는 이런 우리 모습을 보고 '이유 없이 저런다, 문제다.'라고 할 수 있겠지만 우리에겐 나름 이유가 있는데…….

"홍당무 님 가족이 좀 너무하긴 했네요. 전에 책에서 감정에는 좋고 나쁜 건 없다고 읽은 적이 있어요. 기쁨, 슬픔 모두 그저 내 감정일 뿐이라고요. 하지만 홍당무 님 이야기를 들으니 가족들이 모두 홍당무 님이 느끼는 감정을 '나쁘다'고 판단하는 듯해요. 저라도 홍당무 님만큼 마음이 힘들 것 같아요."

원싸 님이 공감한다는 듯 말했다.

"하지만……, 기분이 너무 들쭉날쭉하면 함께 지내는 사람도 힘이 들긴 하죠🫤. 제 막냇동생도 요즘 한참 사춘기를 겪는데 무슨 말을 못 걸겠어요. 하도 짜증을 내서요. 쩝. 그러다가 또 자기 기분 좋으면 와서 애교 부리고 그런다니까요."

불타 님도 조심스럽게 제 생각을 말했다.

"뭐…… 솔직히 제가 짜증을 많이 내긴 해요. 근데 친구랑 신나게 톡하고 있는데 오빠가 노크도 없이 방문 확 열면 진짜 화나거든요? 대체 왜 노크는 안 하는 걸까요? 그럴 땐 저도 막 소리를 지르게 돼요."

"아……, 울집 막내랑 증상이 똑같으시네요. 삐빅! 홍. 당. 무. 님. 당신은 사춘기가…… 맞습니다!"

잠자코 홍당무 님 이야기를 듣던 불타 님이 장난스럽게 말했다. 아무래도 홍당무 님이 혼자 너무 심각한 것 같아 분위기를 풀어 보려 한 것 같다.

"불타 님도 동생 있으세요? 저랑 증상이 같다고요? 그럼 불타 님네 가족도 동생한테 화내시나요?"

"화를 낸다기보다……, 음…… 솔직히 저도 사람인데 동생이 사

소한 거에 짜증 내고 소리치면 화나긴 하죠. 근데 막둥이여서 그런지 화 날 때보단 귀여울 때가 더 많아요. 부모님이랑 저와 둘째 동생은 '좀 기다려 주자.', '다 지나가는 시기다.' 이런 입장이에요. 저도 사춘기를 겪었으니 그 마음 잘 알죠."

"이것 봐요. 제 주변 친구들도 그렇다니까요. 가족들이 많이 이해해 주고 배려해 준다고 하더라고요. 물론 제가 다 잘했다는 건 아니에요. 하지만 좀 기다려 줬으면 좋겠어요. 저라고 사춘기를 겪고 싶어서 겪는 게 아니잖아요?"

"그럼……, 홍당무 님이 가족에게 듣고 싶은 말이 뭐예용?"

불타 님과 홍당무 님 이야기를 듣던 예쁘 님이 물었다.

"드, 듣고 싶은 말이요? 음…… '그래. 너도 참 답답하고 힘들겠다.' 이 말이요. 그냥 제 마음 좀 알아줬으면 좋겠어요😢."

💗 감정의 소용돌이

"홍당무 님 말씀 들으니 많은 생각을 하게 되네요."

가만히 사람들의 대화를 지켜만 보던 예쁘 님이 입을 열었다.

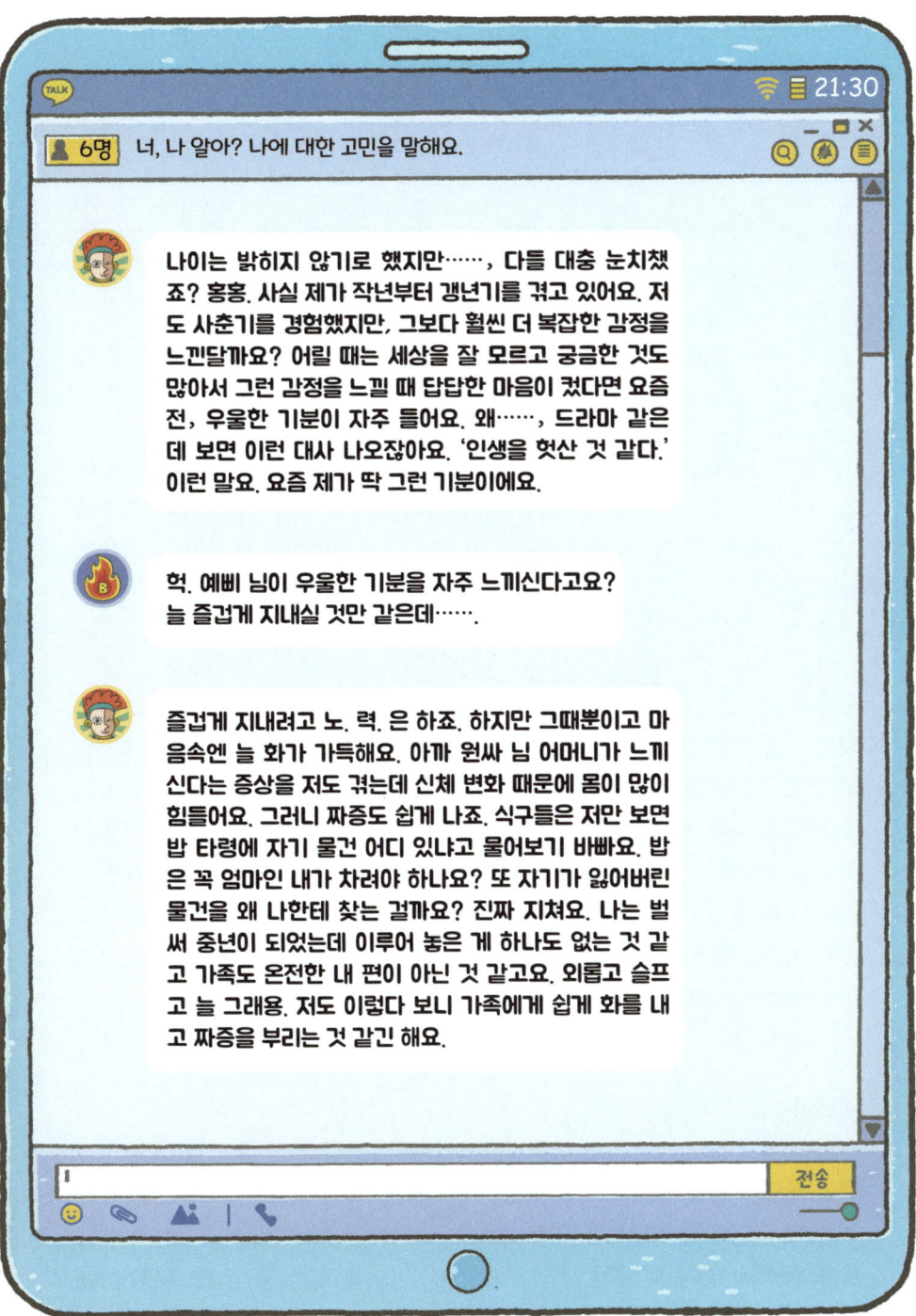

4장 내 속엔 다른 내가 너무 많아

여러분은 사춘기를 겪고 있나요? 하루에도 여러 번 감정이 들쑥날쑥하고 내가 누구인지 골똘히 생각할 때가 있나요? 사람은 왜 사춘기를 겪을까요? 그리고 어른들은 왜 갱년기를 겪을까요? 사춘기와 갱년기는 또 어떻게 다를까요?

사춘기
사춘기란, 청소년이 아동기를 벗어나 어른으로 성장해 가는 시기와 과정을 뜻합니다. 청소년은 실제로 다양한 신체 변화, 인지·정서 변화 등을 겪게 됩니다. 특히 이때는 성호르몬이 왕성하게 분비되며 여성과 남성의 신체적 구별이 뚜렷이 나타나게 됩니다. 이처럼 급격한 내적, 외적 변화를 겪으며 당황스럽기까지 합니다. 그리고 때론 그런 마음이 짜증이나 화로 표현되기도 하지요. 흔히 사춘기를 질풍노도의 시기(미국 심리학자 그랜빌 홀의 저서 《청소년기(Adolescence)》에서 처음 사용되었다.)라고 하는 이유이기도 합니다.

갱년기
여성 생식 기능이 노년기로 이행하는 시기를 말합니다. 흔히 폐경(여성이 나이가 들면서 난소가 노화되어 기능이 떨어지면 배란 및 여성 호르몬의 생산이 더는 이루어지지 않는데 이로 인해 나타나는 현상)이라고도 하는데 대체로 40세에서 55세 여성이 겪습니다. 이때 안면 홍조, 두통, 불면, 위장 장애 등 다양한 증상이 나타나며 사람에 따라 갱년기 장애 증후군을 겪기도 합니다. 사춘기와 갱년기 모두 신체 변화에 따른 다양한 심리 현상을 느낀다는 공통점이 있습니다. 반면, 사춘기 때 겪는 신체와 내면 변화가 '성장'을 향한 것이라면 갱년기는 몸과 마음의 성장이 멈추고 '쇠퇴'하는 현상이라고 볼 수 있습니다. 최근에는 여성뿐만 아니라 갱년기 증상을 호소하는 중년 남성도 늘고 있습니다. 이 때문에 오늘날 갱년기는 중년 여성, 남성 모두에게 나타나는 시기로 그 뜻을 확장해 사용하기도 합니다.

"예뻬 님 제가 안아 주고 싶어요😢. 우울할 때 포옹하는 것만으로도 스트레스가 풀린다던데……. 사실 예뻬 님이랑 제가 가족에게 큰 걸 바라는 게 아니잖아요. 그저 따뜻한 말 한마디, 작은 이해를 바라는 건데……. 다들 왜 우리 마음을 모를까요?"

홍당무 님은 예뻬 님의 마음을 충분히 이해한다는 말투로 이야기했다.

"사실 저희 딸도 요즘 사춘기예용. 그래서 갱년기인 저랑 눈만

마주치면 싸우죵, 홍홍. 정말 별거 아닌 일에도 서로 고래고래 소리 지르며 싸워요. 화장실 불 꺼라, 냉장고 문 닫아라, 잔소리 좀 그만해라, 알아서 할 거다, 난리도 아니에용. 그리고 결국 서로한테 상처 주는 말을 하곤 등지죠. 여기서 홍당무 님 이야기를 들으니 우리 딸에게 너무 미안해지네요. 내가 갱년기를 겪고 싶어서 겪는 게 아닌 것처럼 우리 딸도 그럴 텐데. 사춘기도 하나의 성장 과정이고 엄마인 내가 잘 이끌어 줘야 하는데 그러질 못했어요."

"진짜 제 상황이랑 똑같아요. 저도 엄마랑 매일매일 싸우거든요. 다른 식구들보다 우리 둘이 제일 많이 싸워요. 근데 저도 사실 마음은 그렇지 않아요. 엄마가 힘들어 할 땐 갱년기 약도 사다 주면서 힘내라고 내가 더 좋은 딸이 되겠다고 따뜻한 말도 하고 싶은데 그런 말을 할 기회조차 없어요. 하루에도 몇 번씩 싸우니까요. 저도 예쁘님 이야기 들으면서 그동안 엄마가 혼자서 얼마나 외로웠을까 생각하니 눈물이 나려고 해요😢."

예쁘 님과 홍당무 님은 마치 모녀지간처럼 서로에게 위로의 말을 건네며 훈훈한 모습을 보였다.

"내 마음의 주인은 나인데, 우리 너무 주변 눈치 보지 말아요! 내가 슬프고 우울하다는데 주변에서 감 놔라 배 놔라 할 게 뭐예요?"

"맞아요! 내 마음의 주인은 나!"

원싸 님이 간단명료하게 상황을 정리하자 불타 님이 맞장구쳤다.

"대신 내 기분에 취해 그게 어떤 행동으로 나타나든 모두 용인된다고 생각하면 안 되겠지요. 내 기분은 그대로 수용하되 그게 다른 사람에게 피해가 가는 행동으로 이어져서는 안 된다는 거죠. 물론 나도 그게 잘 안되서 매번 가족에게 소리를 지르지만용😐."

예쁘 님 말에 나는 절로 고개가 끄덕여졌다. 내가 우울하고 짜증이 날 때 그 기분을 존중해 달라고 할 수는 있지만 애꿎은 누군가에게 화풀이를 해서는 안 된다는 말인 듯했다.

"예쁘 님 말씀 듣고 보니 저도 반성하게 돼요. 제 기분도 중요하지만 가족에게 괜히 투정하지 말아야겠어요. 그럼……, 아무튼 저 갱년기 아닌 거 맞죠? 병원 안 가 봐도 되는 거죠😊?"

"네! 너무나 사춘기입니다! 걱정하지 마세요."

홍당무 님이 사람들에게 묻자 이번에도 원싸 님이 한방에 정리했다.

"아…… 이 방 들어오길 너어무 잘 한 것 같아요. 이야기 나누는 것만으로도 힐링이 되요. 진짜 힐.링. 그 자체라니깐요!"

"여러분 조심하세요. 홍당무 님이 이번엔 감동 모드에 접속한 것 같네요. 곧 감동 이모티콘 쏟아집니다!"

"😀."

예뻐 님과 나눈 대화로 홍당무 님은 마음이 한결 편해진 것 같았다. 불타 님은 그런 홍당무 님에게 또 장난을 쳤다. 원싸 님도 웃기다는 듯 이모티콘을 날렸다. 사람들은 화기애애한 속에서 한참을 더 이야기 나누었다.

인간이 지닌 감정의 종류

역사상 대부분 철학자는 인간의 감정보다 이성이 진리를 추구하는 데 중요한 역할을 한다고 믿었습니다. 감정은 이성을 마비시키고 그렇기에 진리를 찾는데 방해가 되는 요소라고 생각했죠. 그러나 스피노자는 철학자들 중 거의 유일하게 인간의 감정에 대해 아주 깊고 자세하게 주목한 철학자였습니다. 그는 저서 《에티카》를 통해 인간이 느끼는 다양한 감정을 48가지로 나누고 그것의 본질을 명확히 밝히려 노력했습니다. 여기서는 스피노자가 말한 48개의 감정 중 우리가 자주 만나는 열 가지의 감정에 대해 알아보기로 하겠습니다.

비루함 두려움 경쟁심
적의 경멸 자긍심 탐식 욕정
수치심 끌림 질투 분노 야심
겁 영광 겸손 경탄 후회
탐욕 사랑 **대담함** 조롱 쾌감
환희 당황 확신
소심함 동경 감사 미움 박애 호의
반감 멸시 희망 동정 잔혹함 슬픔
오만 회한 연민 치욕
욕망 복수심 공손 절망
과대평가

바뤼흐 드 스피노자
(Baruch de Spinoza)

스피노자가 알려 주는 감정 표현 사전

감사	우리에게 친절을 베푼 사람에게 우리 역시 사랑의 감정을 가지고 함께 친절하고자 하는 욕망 또는 사랑의 노력이다.
경쟁심	타인이 어떤 사물에 대해 욕망을 가진다고 우리가 느낄 때, 우리 내면에 생기는 동일한 사물에 대한 욕망이다.
겸손	인간이 자기의 무능함과 약함에 대해 깊이 생각하면서 느끼게 되는 슬픔이다.
당황	감정은 인간이 아무것도 느낄 수 없게 만들거나(무감각하게) 반대로 마음이 흔들리게 만들어(동요하게) 나쁜 상황(악)을 피할 수 없도록 만드는 일종의 두려움이다.
두려움	우리가 과거에서 경험한 불행이 아직 다가오지 않은 우리의 미래 또한 그렇게 만들 것 같다고 느끼는 슬픈 마음이다.
분노	타인에게 해롭고 악한 일을 한 누군가에 대한 미움이다.
슬픔	인간이 더 완전하다고 느끼는 것에서 덜 완전하다고 느끼는 감정 상태로 옮겨가는 일이다.
자긍심	인간이 자기 자신과 자기의 활동 능력을 깊이 생각하는 데에서 생기는 기쁨이다.
쾌감	우리의 정신과 신체에 동시에 나타나는 기쁨의 정서(감정)를 뜻한다.
질투	타인의 행복을 슬퍼하고 반대로 타인의 불행을 기뻐하도록 인간을 자극하는 미움의 감정이다.

토론왕 되기

내가 느끼는 감정에도 옳고 그름이 있나요?

 아빠! 가끔 드라마나 영화를 보면 '남자는 우는 게 아니다.'라는 말이 나오잖아요. 전 그 말이 잘 이해가 안 돼요. 남자는 왜 울면 안 돼요?

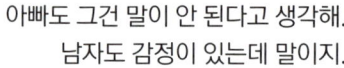 
아빠도 그건 말이 안 된다고 생각해. 남자도 감정이 있는데 말이지.

 근데 작년에 제 짝꿍이었던 수지도 엄마가 늘 그렇게 말씀하셨대요. 남들 앞에서 절대 울지 말라고요. 울고 싶으면 화장실에 가서 안 보이게 울라고 하셨대요.

정말? 왜 그렇게 말씀하셨을까?

 남들 앞에서 울면 애들이 깔본다고 그러셨대요. 그래서인지 수지는 절대 울지 않더라고요. 쉬는 시간이 끝나고 나면 눈이 빨개져 있는 것만 몇 번 봤어요.

저런……, 마음이 아프구나.

 '운다'는 건 나쁜 걸까요? 왜 어른들은 울지 말라고 하는 거예요? 자꾸 울면 안 된다고 하니까 눈물은 꼭 참아야 하는 것 같고 눈물이 나려는 저 자신이 바보처럼 느껴질 때가 있어요. 나는 왜 이만한 일에 눈물이 날까? 하면서요.

오 절대 그렇지 않아. 옛날엔 많은 사람이 '우는 건 나약한 모습이다'라고 생각했지. 세상엔 언제나 씩씩하고 용감한 사람만 있는 건 아닌데 모두가 그래야만 한다고 생각했던 때가 있었던 듯해. 하지만 아빠도 그 생각엔 반대야. 사람이 슬픔, 두려움, 불안 등을 느끼고 그로 인해서 눈물을 흘리는 건 너무나 자연스러운 일이거든.

 아빠 이야기를 들으니 마음이 놓여요. 전 그동안 별거 아닌 일에도 눈물이 나는 제가 이상한 건가? 하는 생각이 들었거든요.

감정을 느끼는 일에 좀 무딘 사람이 있는 것처럼 섬세한 사람도 있기 마련이지. 전혀 이상하다고 생각할 필요 없단다. 물론 그렇다고 시도 때도 없이 울어도 된다는 뜻은 아니라는 거 알지? 네가 여섯 살 때 시금치 먹기 싫다고 식당에서 엉엉 울었던 것처럼 말이야!

 아빠! 그 얘길 왜 아직도 하는 거예요 정말!

하하하! 농담이야 농담!

나도 토론왕

여러분은 요즘 어떤 감정을 유독 잘 느끼나요? 기쁨? 사랑? 슬픔? 우울함? 사람은 살면서 다양한 감정을 느끼며 삽니다. 감정은 내 의지와 상관없이 흘러가기도 하고 한동안 내 안에 머무르기도 하지요. 누군가는 자신이 느끼는 감정을 필요 이상으로 억제하기도 하고 또 어떤 사람은 감정을 적절히 조절해야 할 때조차 그것을 하지 못해 곤란한 상황을 겪기도 합니다. 우리가 느끼는 감정에도 좋은 것과 나쁜 것이 존재할까요? 그렇다면 어떤 감정이 좋은 것이고 어떤 것이 나쁜 감정일까요? 위에 나오는 온이와 온이 아빠의 대화를 읽고 감정에 대한 여러분의 생각을 정리해 보세요.

다음은 철학자 스피노자가 정의한 인간의 감정 중 일부에 대한 설명입니다. 각 설명에 알맞은 감정을 짝 지어 보세요.

① 인간이 자기의 무능과 약함을 고찰하는 데서 생기는 슬픔 — ㉠ 분노

② 인간이 자기 자신과 자기의 활동 능력을 깊이 생각하는 데서 생기는 기쁨 — ㉡ 겸손

③ 타인에게 해악을 끼친 어떤 사람에 대한 미움 — ㉢ 자긍심

④ 우리에게 친절한 사람에 대해 사랑의 감정으로 함께 친절하고 싶은 욕망 — ㉣ 감사

정답
① - ㉡.겸손, ② - ㉢.자긍심, ③ - ㉠.분노, ④ - ㉣.감사

🌀 사는 게 너무 막막해요. 전 어떻게 살아야 할까요?

우리는 다음 날 오후 대화방에서 다시 만났다.

"방장님이 채팅방을 토요일에 연 건 신의 한 수였음!"

"그러게용. 저도 어제 온종일 스마트폰만 봐서 눈이 아파 혼났어요. 오늘이 일요일이라 망정이지 안 그랬으면 전 정말 힘들었을 꺼에용."

원싸 님과 예삐 님은 지난밤에도 일요일인 오늘 꼭 낮에 다시 만나 또 수다를 떨자고 했었다. 나는 그 약속이 지켜질지 의문이었지만 사람들은 하나둘씩 채팅방으로 모였다. 그때였다.

"전 어떻게 살아야 할지 모르겠네요. 사는 게 너무 막막해요."

탄내 님 말에 대화방에는 정적이 흘렀다. 가, 갑자기 이게 무슨 말이지?

"."

탄내 님 말이 이해가 안 된다는 듯 홍당무 님도 고개를 갸우뚱하는 이모티콘을 날렸다.

"이번엔 제 차례죠? 다들 고민 상담 잘해 주시던데 이번엔 제 고민도 좀 들어 주세요."

탄내 님은 지금까지와 달리 무척 공손하게 말했다.

"어떻게 살지 막막하다는 말이…… 막막하네요😜."

"맞아요. 고민이 너무 어려워요."

불타 님은 되려 탄내 님의 고민이 막막하다고 했다. 홍당무 님도 맞장구쳤다.

"탄내 님 무척 철학적인 고민을 하고 계셨군용. 제가 쌍수 고민 얘기할 때 속으로 웃으셨겠어요. 에구구 창피해라."

"에이, 창피한 고민 멋진 고민 따로 있나요? 그런 소리 마세요! 예삐 님!"

홍당무 님이 이번엔 예삐 님을 살뜰히 챙겼다.

"사실 다들 한 번씩 어떻게 살아야 할지 고민하지 않나요? 탄내 님 고민이 우리 모두의 고민이기도 한 듯해요."

맞아요. 전 요즘 취업을 앞두고 특히 더 그런 생각을 자주 해요. 하지만 탄내 님처럼 그 고민을 여기서 털어놓을 생각은 차마 못 했네요 😅.

 그래서 다들 어떻게 살고 싶으세요?

원싸 님 말에 불타 님이 맞장구쳤다. 나 역시도 앞으로 어떻게 살아야 하나? 하는 질문을 스스로 해 본 적이 있다. 물론 답은 내지 못했지만 말이다. 나는 문득 사람들은 어떤 삶을 사는 게 목표이고 꿈인지 궁금해졌다.

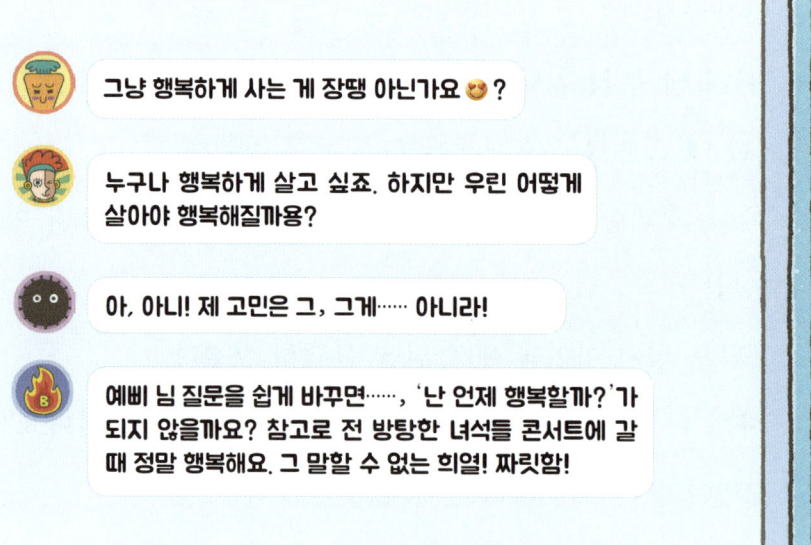

탄내 님은 뭔가 할 말이 있는 듯했다. 그러나 사람들이 한마디씩 하느라 채팅창은 빠르게 위로 올라갔다.

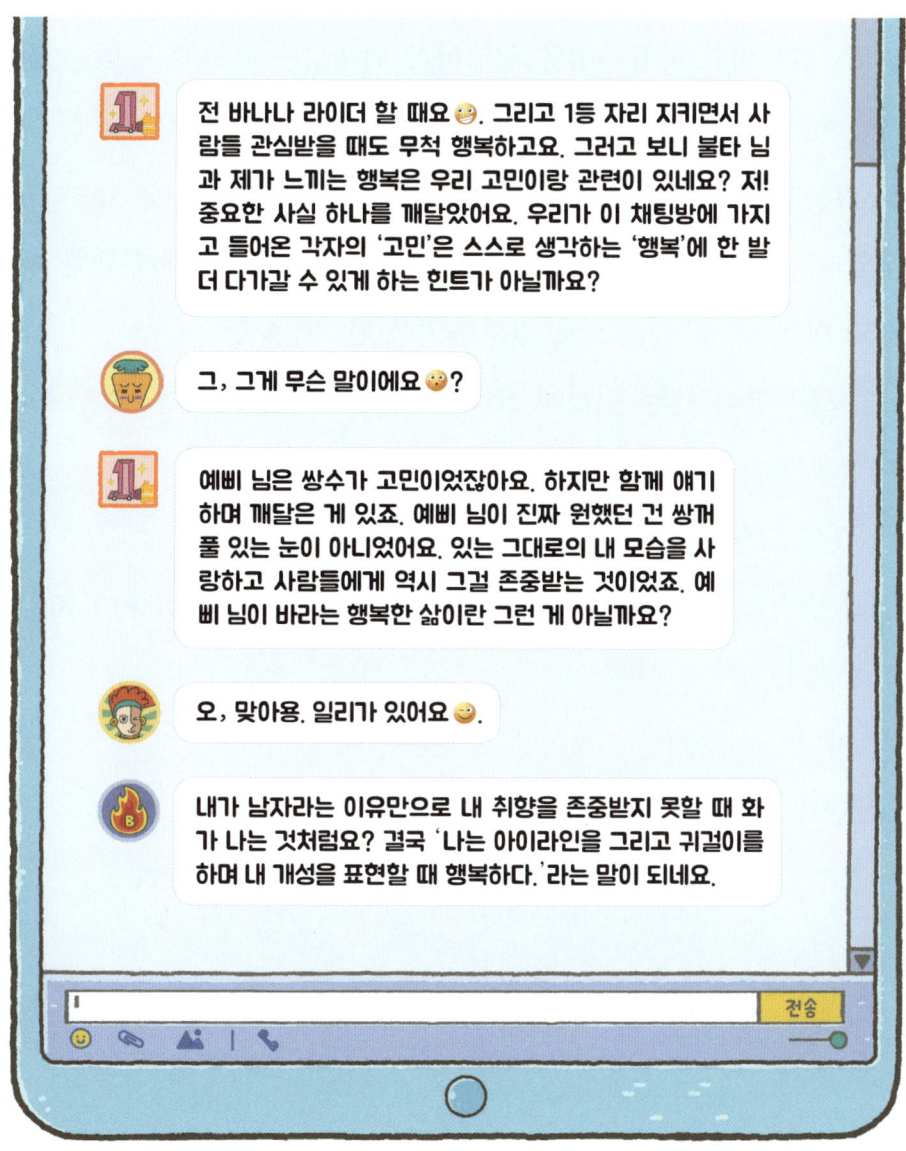

불타 님도 뭔가 깨달았다는 듯 말했다. 나는 원싸 님의 말에 뭔가에 머리를 한 대 맞은 듯했다. 그리고 왜 선생님께서 이름, 나이, 성별을 뺀 황당한 자기소개서를 숙제로 내주셨는지 알 것 같았다. 결국 내가 어떤 사람인지를 설명하기 위해서는 스스로 수많은 질문을 던져야 하고 그 과정에서 나는 누구이고 내가 어떤 삶을 살고 싶은지 생각해 볼 수 있기 때문 아닐까? 선생님께서는 내가 누구인지, 나는 어떤 사람인지를 고민하며 나의 삶과 미래에 대한 생각도 함께 해 볼 수 있도록 기회를 주셨던 거였다!

"그럼! 탄내 님의 '어떻게 살아야 할지 막막하다.'라는 말은……'어떻게 살아야 난 행복할까?'로 바꿀 수 있겠네요!"

"정말 그렇네요! 탄내 님은 뭘 할 때 행복해요?"

홍당무 님이 탄내 님에게 물었다. 그런데 탄내 님 반응이 조금 이상했다.

"아니…… 그게…… 저…… 사실은……."

"탄내 님 왜요? 뭐 문제 있어요?"

무엇인가 망설이는 듯한 탄내 님에게 불타 님이 물었다.

🌀 알 듯 말 듯, 오늘도 물음표

"죄송해요. 다들 이렇게 진지하게 생각하실지 몰랐어요. 사실 논술 학원 숙제하는데 아이디어가 안 떠올라서 물어본 거였어요😐."

"네에?"

탄내 님의 뜬금없는 고백에 원싸 님은 크게 놀랐다.

"사실 내일까지 논술 학원 숙제를 해야 하는데 뭐라고 써야 할지 모르겠어요. '나의 꿈은 무엇인가?'라는 주제로 글을 써야 해요. 저 좀 도와주세요😢."

"아니 이게 무슨……!"

불타 님도 당황스러운 건 마찬가지인 듯했다. 하지만 가장 당황한 건 나였다. 사실 나 역시도 방학 숙제 때문에 이 오픈 채팅방을 열었으니까 말이다. 나는 괜히 심장이 두근거리며 식은땀이 났다.

"욕하셔도 좋은데 일단 제 말 좀 들어 보세요. 저도 진짜 답답하다니까요. 꿈에 대해 쓰라는데 솔직히 전 제가 뭘 잘하는지 모르겠고 나중에 커서 뭐가 되고 싶은지도 모르겠어요. 같은 학원을 다니는 반 친구 다섯은 작년부터 방학마다 해외 어학연수를 가요. 중학생 사촌 형은 토익 시험 준비를 하고요. 엄마는 요즘 코딩이

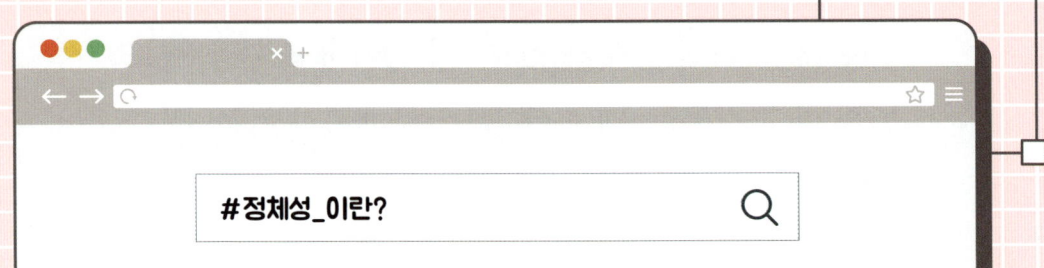

우리는 살면서 한 번쯤 '정체성에 혼란을 느낀다.'라는 표현을 쓸 때가 있어요. '나는 누구? 여긴 어디?'라며 혼란스러운 상황을 우스갯소리로 말하기도 하고, 진짜 내가 누구인지 머리가 복잡할 때 사용하기도 하지요. 사춘기를 겪는 청소년이라면 특히 이런 생각이 자주 들 겁니다. 그렇다면 실제로 '정체성'은 무슨 뜻일까요? 그리고 나의 정체성을 파악하는 것은 왜 중요할까요?

정체성
어떤 존재가 본질적으로 가지고 있는 특성, 또는 그러한 특성을 가진 존재를 뜻합니다.

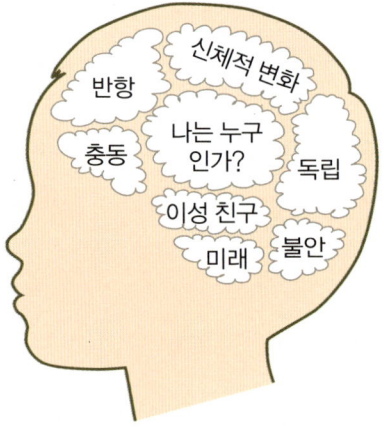

자아 정체성

스스로 '나는 누구인가?'라고 물었을 때 타인과 구별되는 자신만의 특성이라고 할 수 있습니다. 사람은 누구나 청소년기에 접어들면 자신의 정체성에 관해 궁금해합니다. 그리고 나는 누구인지, 즉 나의 자아 정체성을 확립하기 위해 노력하지요. 그리고 이때 타인과 나를 구분 지으며 내가 생각하는 나의 모습을 만들어 갑니다.

청소년기를 지나며 나는 남자인가? 여자인가? 나는 외향적인가? 내향적인가? 나는 무엇을 좋아하는가? 나는 무엇을 싫어하는가? 등 스스로 수많은 질문을 던지게 되지요. 그리고 그 과정을 통해 얻게 되는 자신만의 답이 결국 나의 '자아 정체성'이라고 볼 수 있습니다. 이러한 자아 정체성에 관심을 가진 정신분석학자가 있는데 그가 바로 에릭 홈브리거 에릭슨입니다.

독일 프랑크푸르트에서 덴마크인 부모에게서 태어난 그는 나치가 독일에서 권력을 잡자 미국으로 이주하여 정신분석학자가 되었습니다.

에릭슨의 성격 발달 이론에 따르면 청소년기(약 12~20세)는 정체감 대 정체감이 혼란을 느끼는 시기라고 합니다. 그는 자아 정체감이란 갑작스레 형성되는 것이 아니라 자기 존재에 대한 새로운 경험과 탐색이 시작되며 서서히 확립되는 것이라 주장했습니다.

에릭 홈부르거 에릭슨
(Erik Homburger Erikson)

필수라면서 방학 때 코딩 강좌나 열심히 들으래요. 근데 대체 코딩이 뭐예요? 코딩이 뭔지도 모르겠고 왜 배워야 하는지도 모르겠어요. 결국 생각이 꼬리에 꼬리를 물다 보니 '아 정말 사는 게 막막하다.'라고 느끼게 된 거예요. 그러다 우연히 이 방을 발견하게 된 거고요 🥺."

"아니 논술 학원 숙제라니 기가 차네요. 탄내 님 몇 살이셈? 방장 님 우리 이쯤에서 서로 이름, 나이, 성별 밝히는 게 어때요?"

불타 님이 갑자기 방 규칙을 깨자는 제안을 했다. 헉, 안 되는데! 나는 무척 당황스러워 아무 말을 할 수가 없었다.

"좋아요! 어차피 처음 규칙도 채팅 참여자들이 동의해서 만든 거니 이제 각자 자기소개 제대로 해 보는 거 어때요? 탄내 님을 공격하자는 게 아니에요. 탄내 님한테 알맞은 조언을 해 주려면 나이를 알아야겠어요. 전 솔직히 탄내 님이 50대 아저씨인 줄? 어제부터 한 번씩 눈치 없이 대화에 끼어들어서 분위기 냉랭하게 만들고 또 자기 할 말만 하고 사라지고. 오픈 채팅방에 처음 들어와 본 아저씨라고 생각했다니까요? 나 참."

"50대 아저씨요? 말이 심하시네. 저 꽃다운 나이 11살입니다!"

원싸 님의 말에 갑자기 탄내 님이 자신의 나이를 밝혔다. 헉! 11살?

"😱."

"오 마이 갓!"

대화방은 또 한번 난리가 났다. 탄내 님 나이를 듣고 충격을 받은 사람들이 너 나 할 것 없이 눈물, 당황, 황당, 충격 등의 기분을 나타내는 이모티콘을 날려 댔기 때문이었다.

"탄내 님이 11살이라는 사실도 충격이지만 29살인 제가 덕밍아웃 고민할 동안 탄내 님은 앞으로 어떻게 살아야 할지 고민했다는 게 대. 충. 격."

이모티콘 도배를 뚫고 불타 님이 겨우 한마디 내뱉었다.

"헐? 뭐예요? 불타 님은 29살이에요? 대박 사건😁."

"왜요? 뭐가요? 저 대학 졸업반 예비역 29살 한석진인데요. 왜요?"

"."

"."

불타 님의 나이를 듣고 크크크를 연발하는 원싸 님에게 불타 님은 민망한 듯 되물었다. 홍당무 님과 예삐 님도 웃는 이모티콘을 날리느라 정신이 없었다.

"전 동아여중 3학년 한소리라고 해요. '바라 원싸' 그게 바로 나야 나! 나야 나!"

"오 진짜 멋져요. 소리 언니🙂. 근데 닉네임이 왜 원싸예요? 항상 궁금했어요."

원싸 님이 자기소개를 하자 자칭 바라원싸 찐팬인 홍당무님이 물었다.

"별거 아니에요. 내 이름 '한소리'를 영어로 one(한) sound(소리)라고 해서 원사운드 하다가 짧게 원싸로 지은 거예요😬. 그럼 탄내 님은 탄내가 무슨 뜻이에요? 닉네임 마저 심오하다니깐."

"저요? 저 그냥 이 방에 들어올 때 부엌에서 뭐 타는 냄새가 나길래 탄내라고 지은 건데요😶."

"아 정말이지 독특해😵."

탄내 님 말에 불타 님은 머리를 절레절레 흔드는 이모티콘을 날렸다.

"근데 논술 학원 숙제 말이에요. '내 꿈은 무엇인가?'에서 '꿈'이 반드시 직업을 뜻하는 건 아닐 것 같아요."

원싸 님이 말했다.

"전 처음에 당연히 갖고 싶은 직업을 써야 한다고 생각했어요. 그래서 막막했던 거고요. 그런데 여러분 이야기를 듣고 보니 앞으로 나는 어떤 삶을 살고 싶은지를 적어 보는 것도 좋을 듯해요. 또 그걸 고민하다 보면 제가 무엇을 잘하는지, 뭘 할 때 행복한지 알게 될 거고……. 그럼 먼 훗날 제 직업을 결정하는데 도움이 될 것도 같고요."

"역시 똑똑한 초등학생이네요. 고민이 괜히 철학적인 게 아니었어용."

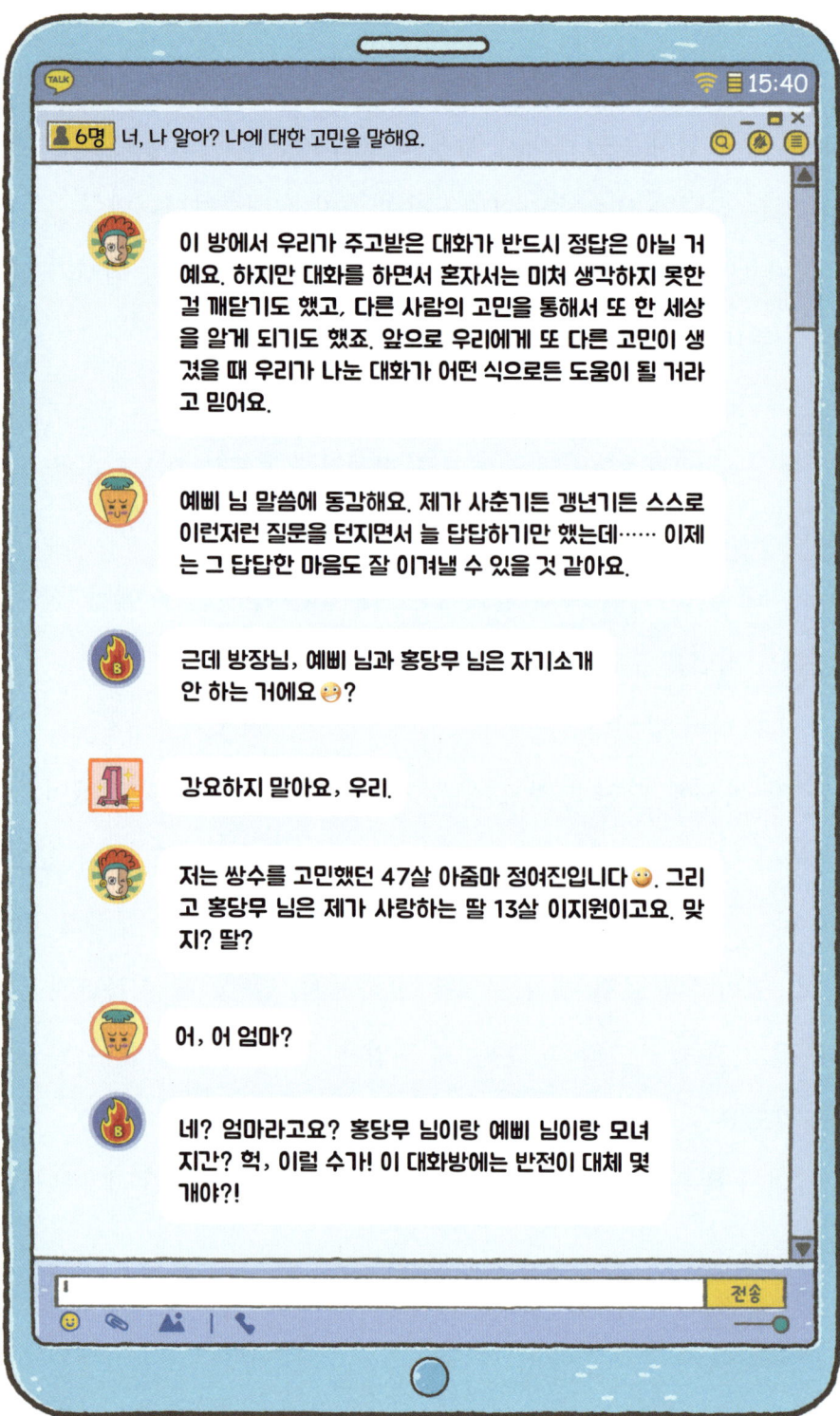

나는 예쁘 님 말에 크게 당황했다. 물론 홍당무 님도 무척 놀란 듯했다. 홍당무 님이 어버버하는 사이 불타 님도 놀라 물었다.

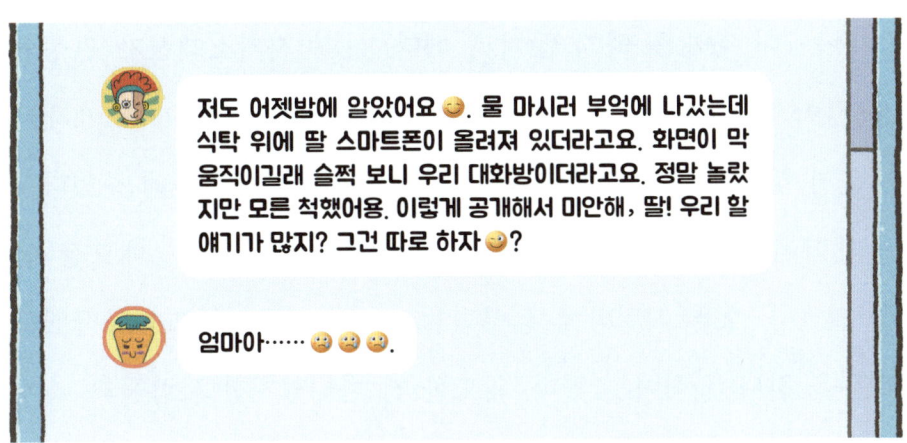

홍당무 님은 눈물을 흘리는 이모티콘만 날렸다. 아무래도 여러 감정이 드는 듯했다.

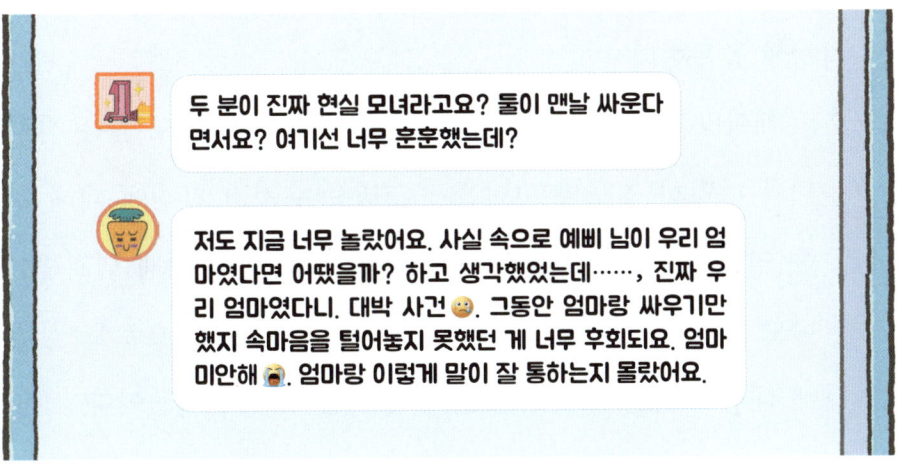

5장 뫼비우스의 띠

"."

홍당무 님이 어렵게 속마음을 꺼내자 예삐 님은 사랑한다는 하트 이모티콘을 날렸다.

나는 내 소개를 하지 않기로 했다. 아직 자기소개서가 완성되지 않아서였을까? 대화방에서 조차 나는 나를 어떻게 소개해야 좋을지 정리가 안 되었다. 사람들은 그런 내 뜻을 존중해 주었다.

개학이 하루 앞으로 다가왔다. 나는 스마트폰으로 메모장 앱을 열었다. 오픈 채팅방에서 사람들과 이야기를 나누며 공감했던 내용을 하나씩 적어 놓았다. 의도한 건 아니었지만 사람들과 나에 대한 고민을 나누다 보니 참신한 자기소개서를 어떻게 써야 할지 힌트를 얻은 듯 했다. 12년간 살면서 스스로 한 번도 생각하지 않았던 질문을 던지고 그 대답을 찾으려 고민하면서 나는 내가 꽤 성숙해졌다고 느꼈다. 나는 그렇게 한참을 책상에 앉아 자기소개서 작성에 몰두했다.

오픈 채팅방은 계속해서 열어 두기로 했다. 앞으로도 많은 사람이 들어와 다양한 질문과 고민을 주고받으며 자기 자신에 대해 알아갈 수 있길 원했기 때문이었다. 방장은 다른 사람에게 넘겨주었지만 나도 종종 그 대화방에 들어가 보려고 한다. 앞으로도 살면서 나에 대한 고민은 또다시 새롭게 생겨날 것이기 때문이다.

베로니카 님이 들어왔습니다.

"나이 35살에도 유튜브 보느라 밤을 꼴딱 새고 출근하는 나, 철딱서니 없나요?"

그렇게 내가 만든 오픈 채팅방은 진짜 나를 찾기 위해 고군분투하는 사람들로 언제나 북적였다.

나의 삶과 떼어 놓을 수 없는 진로

'나는 어떤 삶을 살고 싶은 사람인가?'라는 질문을 스스로 던져 봅시다. 이때 여러분은 어떤 것이 가장 먼저 떠오르나요? 청소년에게 있어 삶과 미래, 꿈은 자연스럽게 '진로' 혹은 '직업'과 맞닿아 있을 듯합니다. 진로란 쉽게 말해 삶의 방향이라고 말할 수 있습니다. 내가 어떤 삶을 살고 싶은 사람인지를 고민하면 자연스레 나에게 알맞은 직업이 무엇인지 깨닫게 되지 않을까요? 내 삶의 방향을 정하기 위해서는 나를 이해하는 것이 중요합니다. 다음은 청소년기에 진로 탐색을 위해 알아 두면 좋을 다섯 개 항목에 대한 정리입니다. 각 정의를 읽고 나의 진로에 대해 생각해 봅시다.

진로 탐색을 위한 체크 리스트

적성	어떤 활동이나 일에 대한 잠재 능력과 소질을 뜻합니다.
흥미	어떤 일이나 활동을 할 때 즐겁고 좋다고 느끼는 것입니다. 사람은 재미있는 일을 할 때 그 일에 대한 수행 능력이 높아지고 일에 대한 만족감도 느낄 수 있다고 합니다.
신체적 조건	직업에 따라 특수한 신체적 조건을 요구하는 경우가 있습니다. 축구 선수는 달리기가 빨라야 하고 농구 선수는 키가 커야 유리한 것처럼 말이지요. 이처럼 직업을 선택하기 전 자신이 가진 신체적 조건과 특징에 대해서 잘 아는 것도 중요합니다.
성격	나의 성격이 외향적인지 내성적인지 다시 말해, 혼자 있는 것을 좋아하는지 사람들과 함께 있는 것을 좋아하는지 등을 잘 알면 직업을 선택하는 데 도움이 됩니다.
가치관	개인이 특정한 상황에서 어떤 선택이나 결정을 할 때 행동하게 하는 원리나 믿음, 신념 등을 말합니다. 사람은 저마다 삶을 바라보는 눈이 다르지요. 다른 사람보다 생명을 존중하는 마음이 큰 사람은 의사가 되어 많은 사람을 살리는 일을 하기에 적합하겠지요. 옳고 그름을 가르는 문제를 무엇보다 중요하게 여기는 사람이라면 판사라는 직업이 어울리는 것처럼 말입니다.

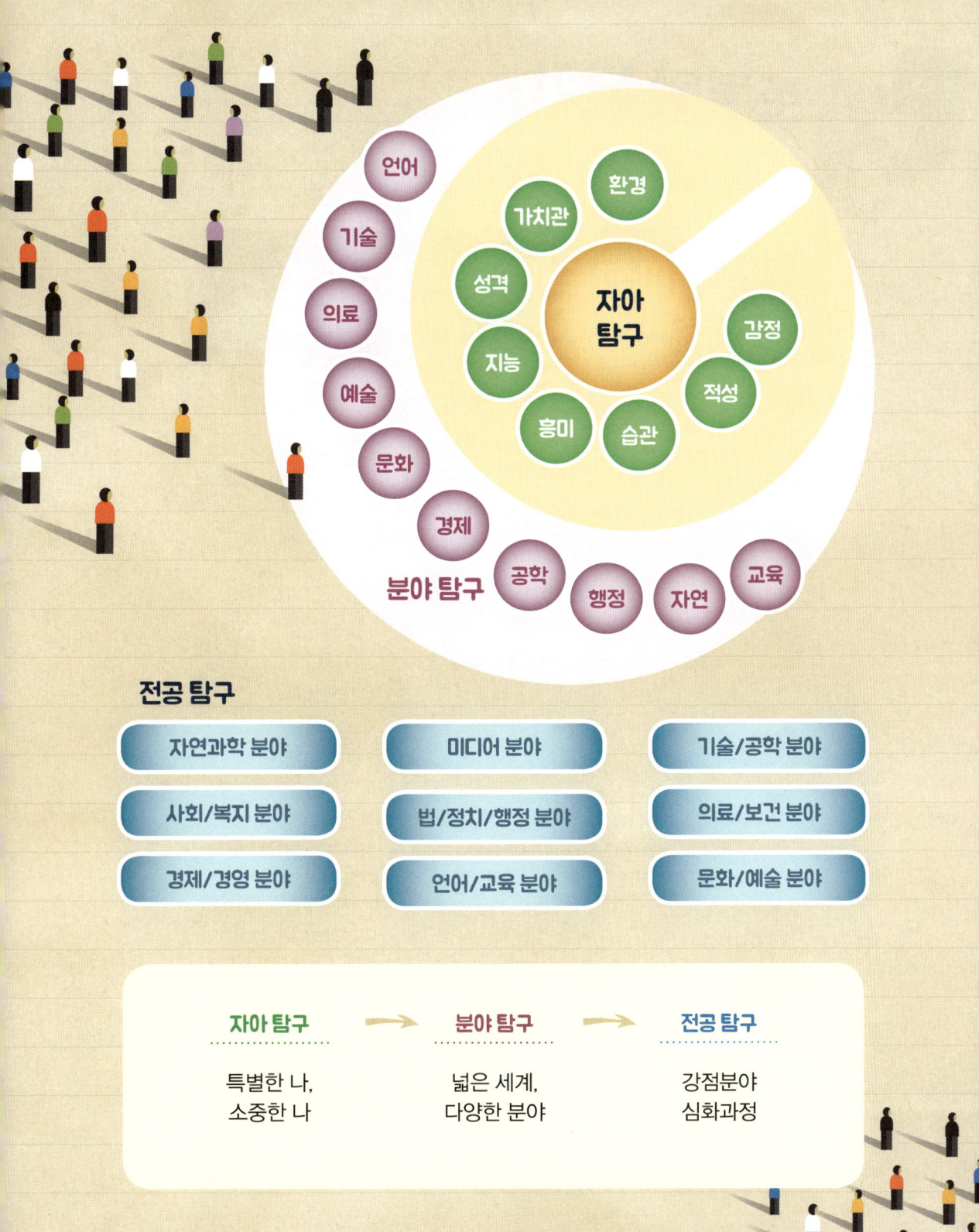

토론왕 되기

꿈이 반드시 있어야 하나요?
인생의 목표가 꼭 있어야 하나요?

온아 너 혹시 '오렌지 마말레이드'라는 노래 들어 봤니?

그게 무슨 노래인데요? 처음 들어 봐요.

아빠가 고등학생 때 나왔던 '자우림'이라는 그룹의 노래인데 말이야. 당시에 이 노래를 듣고 큰 충격을 받았었지.

왜요? 가사가 어떤 건데요?

'하고픈 일도 없는데~ 되고픈 것도 없는데~ 모두들 뭔가 말해 보라 해. 별다른 욕심도 없이 남다른 포부도 없이~ 이대로이면 안 되는 걸까~ 나~ 이상한 걸까?' 어때? 가사 신선하지?

정말요? 이런 노래가 있다고요?

아빠도 고등학생 시절에 대입 준비를 하면서 스트레스도 많이 받고 마음이 복잡했거든. 근데 이 노래를 듣고 띠용~ 했지 뭐야. 나처럼 생각하는 사람이 또 있었다니! 하는 생각이 들어서 말이야. 흐흐.

 아빠도 하고 싶은 것, 되고 싶은 것이 없었어요? 키키.

 원래 학생은 다 공부하기 싫고 직장인은 다 일하기 싫고 그런 법이야. 넌 아닌 것처럼 얘기한다?

 크크크. 사실 맞아요. 하지만 꿈도 없고 되고 싶은 것도 없으면 큰일 날 것 같은데요.

 아빠가 이만큼 살고 보니 그다지 큰 일은 일어나지 않더라고. 되고 싶은 거 하고 싶은 건 늘 바뀌거든. 대신 '내가 어떤 삶을 살고 싶은 사람일까?'에 대한 고민이 더 중요하다고 봐.

 내가 어떤 삶을 살고 싶은가?

 무슨 말인지 모르겠지? 한번 곰곰이 생각해 보렴. 후후.

나도 토론왕

여러분은 탄내 님의 고민을 듣고 어떤 생각이 들었나요? 탄내 님의 논술 숙제가 말하는 '꿈'이란 진짜 '직업'을 뜻하는 것이었을까요? 아니면 누군가가 말하듯 우리 인생의 '방향'을 묻는 것이었을까요? 하지만 이 질문에 또 누군가는 이렇게 물을 수도 있을 겁니다. 살면서 우리는 반드시 꿈을 가져야만 하는지 말이죠. 위에 나오는 온이와 아빠의 대화를 읽고 '꿈'에 대한 여러분의 생각을 정리해 봅시다.

 **나를 이해하는 다섯 가지 항목을 알아 볼까요?**

진로를 탐색할 때 무엇보다 중요한 일은 '나에 대한 정확한 이해'가 아닐까 생각합니다. 나를 제대로 알기 위해서는 이 다섯 가지를 잘 아는 것이 중요하다고 했는데요. 나를 잘 알기 위해, 더 나아가 나에게 알맞은 진로가 무엇인지를 탐색하기 위해 알아 두면 좋은 다섯 가지 항목은 무엇일까요?

(① 　　　) – 어떤 활동이나 일에 대한 잠재 능력과 소질.
(② 　　　) – 어떤 일이나 활동을 할 때 즐겁고 좋다고 느끼는 것.
(③ 　　　) – 직업에 따라 특수한 신체적 조건을 요구하는 경우가 있다.
(④ 　　　) – 외향적인지 내성적인지 혹은 혼자 있는 것을 좋아하는지 사람들과 함께 있는 것을 좋아하는지 등으로 표현된다.
(⑤ 　　　) – 개인이 특정한 상황에서 어떤 선택이나 결정을 할 때 행동하게 하는 원리나 믿음, 신념 등을 말한다.

정답
① 적성, ② 흥미, ③ 신체적 조건, ④ 성격, ⑤ 가치관

① 나는 생각한다. 그러므로 나는 존재한다. －르네 데카르트

② 사람은 누구든지 자기만의 거울을 갖고 있다. 그 거울은 타인 속에 있어서 자신의 죄악과 결점을 똑똑히 비춰 준다. 그런데 우리는 대개 이 거울에 개처럼 반응한다. 거울에 비친 것이 자신이라는 사실을 모르고 사납게 짖어 대는 것이다. －아르투어 쇼펜하우어

③ 나는 누구인가? 스스로 물으라. 자신의 속 얼굴이 드러나 보일 때까지 묻고, 묻고 또 물어야 한다. 건성으로 묻지 말고, 목소리 속의 목소리로 귀 속의 귀에 대고 간절하게 물어야 한다. 해답은 그 물음 속에 있다. －법정 스님

④ 내가 존재한다는 사실이야말로 확실하고 영원한 생명의 경탄이다. －라빈드라나트 타고르

⑤ 세상에서 가장 중요한 것은 어찌하면 내가 진정 나다워질 수 있는가를 아는 일이다. －미셸 드 몽테뉴

⑥ 내 한 몸은 곧 백천만 대의 선조가 전한 것을 물려받은 것이다. 그렇다면 감히 내 몸이 곧 나만의 소유라고 말하겠는가? －장현광

⑦ 인생은 나 찾기를 위해 있는 것이 아니다. 자신을 만들어 가기 위해 있는 것이다. －헨리 데이비드 소로

> **어려운 용어를 파헤치자!**

철학자 넓은 의미에서 철학을 연구하는 사람을 말합니다. 철학이란, 사람이 살아가는 데 있어 중요한 인생관, 세계관 따위를 탐구하는 학문입니다. 과거에는 인간 조건에 대한 존재론적인 질문을 푸는 데 집중하며 그대로 살기 위해 노력했던 사람을 철학자라 불렀습니다. 현대에 와서 철학자의 범위가 확장되었고 오늘날에는 미학, 윤리학, 문학, 인식론뿐만 아니라 예술과 같은 학문을 연구하는 사람 또한 철학자로 간주합니다.

진리 참된 이치 또는 참된 도리라는 뜻입니다. 철학적 관점에서 진리란, 언제 어디서나 누구든지 인정할 수 있는 보편적인 법칙이나 사실을 뜻합니다.

이성 인간을 다른 동물과 구별시켜 주는 인간의 본질적인 특성이라고 할 수 있습니다. 즉 이성이란, 눈으로 보이는 그대로라든가 감각으로 느껴지는 것이 아닌 스스로 무엇인가를 곰곰이 생각하는 능력이라고 말할 수 있습니다.

존재 현실에 실제로 있는 상태를 말합니다.

타인 내가 아닌 다른 사람을 일컫는 말입니다.

쇠퇴 힘이나 세력 따위가 약해져 이전보다 못한 상태를 뜻하는 말입니다. 사람의 몸이 노화하는 것 또한 쇠퇴의 다른 모양일 수 있지요.

본성 사람이 본래 가지고 태어난 성질을 뜻합니다.

노화 질병이나 사고에 의한 것이 아니라 시간이 흐름에 따라 생체 구조와 기능이 쇠퇴하는 현상을 말합니다. 나이가 들수록 시력이 떨어지고 귀가 잘 들리지 않는 것이 노화의 대표적인 특징입니다.

신나는 토론을 위한 맞춤 가이드

나의 정체성을 찾아가는 이야기, 재미있게 읽었나요? 책을 덮지 말고 잠깐 기다려 보세요. 마지막 단계인 토론이 남았어요. 토론을 잘하려면 올바른 지식과 다양한 정보가 바탕이 되어야 해요. 책을 다 읽고 친구 또는 부모님과 함께 신나게 토론해 봐요!

잠깐! 토론과 토의는 뭐가 다르지?

토론과 토의는 모두 어떤 문제를 해결하기 위해 의견을 나누는 일입니다. 하지만 주제와 형식이 조금씩 달라요. 토의는 여러 사람의 다양한 의견을 한데 모아 협동하는 일이, 토론은 논리적인 근거로 상대방을 설득하는 일이 중요합니다. 토의는 누군가를 설득하거나 이겨야 하는 것이 아니기 때문에 서로 협력해서 생각의 폭을 넓히고 좋은 결정을 내릴 때 필요해요. 반면 토론은 한 문제를 놓고 찬성과 반대로 나뉘어 서로 대립하는 과정을 거치지요. 넓은 의미에서 토론은 토의까지 포함하는 경우가 많습니다. 토론과 토의 모두 논리적으로 생각 체계를 세우고, 사고력과 창의성을 높이는 데 도움을 준답니다.

토론의 올바른 자세

말하는 사람
1. 자신의 말이 잘 전달되도록 또박또박 말해요.
2. 바닥이나 책상을 보지 말고 앞을 보고 말해요.
3. 상대방이 자신의 주장과 달라도 존중해 주어요.
4. 주어진 시간에만 말을 해요.
5. 할 말을 미리 간단히 적어 두면 좋아요.

듣는 사람
1. 상대방에게 집중하면서 어떤 말을 하는지 열심히 들어요.
2. 비스듬히 앉지 말고 단정한 자세를 해요.
3. 상대방이 말하는 중간에 끼어들지 않아요.
4. 다른 사람과 떠들거나 딴짓을 하지 않아요.
5. 상대방의 말을 적으며 자기 생각과 비교해 봐요.

체계적으로 생각하기
나는 누구인가?

여러분은 살면서 스스로 '나는 누구인가?'라는 질문을 던져 본 적이 있나요? 누군가는 한 번도 생각해 보지 못했을 수 있고 또 누군가는 생각해 본 적은 있으나 쉽사리 답을 찾지 못했을 수도 있습니다. 그렇다면 나를 안다는 것은 왜 중요할까요? 주인공 온이의 새 담임 선생님이 참신한 자기소개서를 숙제로 낸 이유는 무엇이었을까요?
여러분이 온이가 만든 오픈 채팅방에 들어갔다고 상상해 봅시다. 그리고 아래 질문에 자신만의 답을 적어 보세요.

1 여러분이 오픈 채팅방에 들어가려고 합니다. 닉네임은 무엇으로 정했나요? 그 이유는 무엇인가요?

....
....
....
....

2-1 대화방에서 사람들에게 조언을 받고 싶은 고민은 무엇인가요?

....
....
....
....

2-2 대화방 속 사람들은 내가 가진 고민은 결국 내가 원하는 삶과 연결되어 있다고 결론 내렸습니다. 그렇다면 여러분의 고민은 여러분의 미래와 어떤 관련이 있을까요?

....
....
....
....
....
....
....

3 내가 대화방 속 한 명에게 조언을 해 준다면 누구에게 어떤 조언을 해 주고 싶은가요?

....
....
....
....
....
....
....

나의 삶은 누가 정하는 걸까?

다음은 진로에 대해 고민하는 한 학생과 그의 부모님이 나눈 대화입니다. 아래 글을 읽고 여러분의 생각을 함께 나누어 봅시다.

지방의 한 대학에서 농학(농업과 관련된 학문)을 전공하고 있는 현수(만 21세). 그는 최근 부모님과 진로에 대한 이야기를 나누다 크게 마음이 상했다. 현수는 대학 졸업 뒤 전공을 살려 농사를 짓는 영농인이 되고 싶었지만 부모님은 말도 안되는 소리라며 공무원 시험 준비를 하라고 다그치셨다. 현수는 농사에 대해 부정적으로만 생각하는 부모님이 답답하기만 하다.

 요즘 농사는 옛날과 많이 달라요. 직접 밭 갈고 씨 뿌리고 수확하는 시대가 아니라니까요.

 다르긴 뭐가 달라? 농사가 농사지? 농사는 뭐 아무나 짓는 줄 아냐?

 옛날이랑 다르다고 해도 고생하는 건 똑같아. 그냥 아버지 말씀대로 공무원 시험 준비 시작하렴.

 어머니까지 왜 그러세요, 정말? 저도 학교에서 공부하면서 나름 진로에 대해 고민하고 계획도 세웠다고요! 제가 학교는 그냥 다니는 줄 아세요?

 수능 망치고 점수 맞춰서 들어간 학교에서 배우긴 뭘 배운다는 거냐? 농사? 허? 참!

 네. 원래 가고 싶던 학교는 못 갔지만 지금 다니는 학교에서 저도 몰랐던 적성을 찾았어요. 농작물 키우고 수확하면서 보람도 느끼고 옛날이랑 다르게 어떻게 하면 현대 시스템을 도입해서 사람 손이 덜 가게 농사를 지을 수 있을까 고민하고 설계하고 또 농작물을 서로 접목하는 게 재밌다고요. 앞으로 전망도 밝아요!

 네가 무슨 혁명가도 아니고 한국 농업 기술을 무슨 수로 확 바꾼다는 거야? 그리고 그게 돈이 되니? 너 장가는 안 갈거야? 이번 방학에 공무원 학원부터 다녀라. 학원비는 엄마가 줄게.

시작도 안 해 보고 어떻게 알아요? 제가 진짜 우리나라 농사 장인이 될지 어떻게 알고요?

 무모하다 무모해! 젊은 게 무기라지만 어찌 저렇게 한 치 앞을 모를까! 쯧쯧… 다른 집 자식들은 대학 들어가자마자 토익이다 자격증이다 눈에 불을 켜고 취업 준비를 하는데 뭐? 농사?

 제가 뭘 하고 싶은지 뭘 좋아하고 잘하는지도 모르는데 무턱대고 취업 준비를 해요? 전 취업도 싫고 공무원도 싫어요. 전 제 사업 할 거예요. 농업 경영이요!

1 내가 만약 위 글의 주인공이라면 어떤 선택을 할 것 같나요?

① 부모님 말씀을 듣는다. 이유는? ....

② 내 고집대로 원하는 길을 간다. 이유는? ....

2 나의 미래 또는 진로를 결정하는 데 부모님의 말씀은 얼마나 중요한가요(5점 만점에 몇 점)? 그렇게 생각하는 이유는 무엇인가요?

....

....

3 나의 미래를 건설하는 데 있어 부모님의 뜻 말고도 고려해야 할 사항이 있다면 무엇이 있을까요? 3가지 이상 적고 그 이유도 함께 써 봅시다.

....

....

....

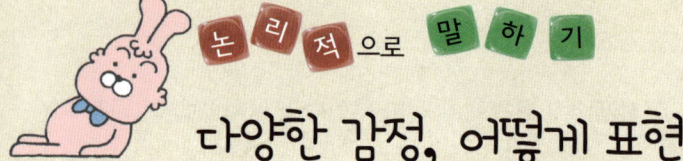

논리적으로 말하기
다양한 감정, 어떻게 표현할까?

사람의 감정이란 매우 다양합니다. 또한 그 감정을 표현하는 방식도 매우 다양하죠. 가령 '화'라는 감정을 느낀다면 누군가는 폭력적으로 변해 물건을 부수거나 타인을 공격하기도 합니다. 반면 또 다른 누군가는 화나는 감정을 주체하지 못해 엉엉 소리 내어 울어 버리기도 하지요. 하지만 감정을 표현하는 다양한 방식은 내가 아닌 누군가에게 상처가 될 수도 있고 사회에 나쁜 영향을 끼칠 수도 있습니다. 그렇다면 우리는 감정을 어떻게 표현하는 게 좋을까요? 다음 예시를 읽고 나는 특정한 감정을 느낄 때 어떠한 행동을 하는지 빈 칸을 채워 봅시다. 그리고 내가 느끼는 감정을 정확하게 파악하고 솔직하게 표현하기 위해서는 어떠한 방법이 필요한지 생각해 보고 그 이유도 함께 적어 봅시다.

> 나는 짜증이 날 때, 나도 모르게 소리를 지르며 물건을 집어 던진다. 하지만 이렇게 하면 짜증이 풀리는 게 아니라 내 행동이 더 과격해진다는 것을 깨달았다. 한번은 내가 짜증이 나서 책을 던졌는데 옆에 있던 동생이 그 책에 맞아 얼굴에 상처가 났다. 내가 내 감정을 다스리지 못해서 동생이 다친 것이다. 나는 이제부터 짜증이 날 때 소리를 지르거나 물건을 던지고 싶은 마음을 한 번 참고 종이에 내가 짜증이 난 이유를 적어 봐야겠다고 생각했다. 그렇게 하면 과격해지는 행동은 막을 수 있고 내가 짜증나는 이유에 대해서 이성적으로 생각하고 해결할 수 있을 것 같다.

❶ 나는 슬플 때,
....
....
....
....
....
....
....

❷ 나는 친구가 미울 때,
....
....
....
....
....
....
....

참신한 자기소개서 작성하기

여러분이 온이와 같은 숙제를 받았다면 어떨까요? 이름, 나이, 성별을 뺀 참신한 자기소개서를 쓰게 된다면 여러분은 어떤 내용으로 자기소개서를 채울 것 같나요? 나는 누구인지 곰곰이 생각해 보며 여러분만의 참신한 자기소개서를 작성해 보세요. (이름, 나이, 성별은 제외!)

예시 답안

나는 누구인가?

❶ 닉네임: 활기찬. 이유: 사실 나는 요즘 매일매일 피곤하고 졸리다. 졸리고 피곤한 내 상태를 그대로 나타내는 건 재미없으니 반어적으로 지어 보았다.

2-1 내 고민은 '왜 나는 자도 자도 졸릴까요?'이다. 아침에 일어나기가 늘 힘들다. 학교에 가서도 오전에는 병든 닭처럼 꾸벅꾸벅 졸기 일쑤다. 그러다 오후가 되면 쌩쌩해진다. 갑자기 에너지가 솟는 기분이 들면서 덩달아 기분도 좋아진다. 어른들처럼 커피를 마실 수도 없고, 어떻게 하면 좋을까?

2-2 닉네임이 내가 살고 싶은 삶을 나타내는 것 같다. 활기차게 어떤 일이든 적극적으로 해 나가는 삶을 살고 싶다. 졸음을 극복하는 것이 결국 내가 바람직하다고 생각하는 삶을 사는 방법인 것 같다.

❸ 내가 원싸 님이라면 게임 중에 실수인 척 얼공(얼굴 공개)을 할 것 같다. 게임 스샷 올리는 척하고 셀카 올리기. 그럼 같은 반 친구나 최소한 짝꿍은 원싸 님을 알아볼 수 있지 않을까? 그럼 '현실 속에서 존재감 없던 그 애가 바라 원싸였다!' 하고 자연스럽게 소문이 날 것 같다.

나의 삶은 누가 정하는 걸까?

1-1 부모님 말씀을 듣는다. 이유는? 부모님은 나보다 인생을 더 많이 살아 봤기 때문에 날 위해서 더 좋은 방향을 제시해 준다고 생각하기 때문이다. 부모님은 내가 다 잘되라는 뜻에서 하는 말씀이니 부모님 의견을 따르는 것이 좋다고 생각한다.

1-2 내 고집대로 원하는 길을 간다. 이유는? 20살이 넘으면 더는 미성년자가 아니기 때문에 나의 인생은 내가 결정해야 한다고 생각한다. 대신 나의 선택에 대한 책임 또한 내가 져야 한다고 생각한다.

❷ 3점 정도 중요하다고 생각한다. 부모님은 세상 누구보다도 나에 대해 잘 안다. 인생을 먼저 살아 본 어른으로서 다른 사람보다는 부모님이 나에게 더 맞는 방향을 제시해 줄 수 있다고 생각한다. 하지만 부모님 또한 나에 대해 모르는 부분이 있기에 언제나 전적으로 믿고 따르는 것이 좋은 생각은 아닌 것 같다. 나머지 2점은 나에게 달려 있다고 생각한다.

❸ 흥미, 능력, 가치관. 직업을 선택할 때 부모님의 말씀도 중요하지만 내가 무엇에 흥미를 느끼는지 아는 것이 중요한 것 같다. 두 번째는 능력이 중요하다. 좋아하는 일이지만 잘하지 못한다면 결국엔 그 일도 싫어지게 될 것 같다. 마지막은 가치관이다. 좋아하고 잘하는 일을 직업으로 갖더라도 일을 하면서 자주 나의 가치관에 위배되는 일과 만난다면 계속해서 그 일을 하기 힘들 것 같다.

다양한 감정, 어떻게 표현할까?

문제 속 예시 답안 참조.

예시 답안

참신한 자기소개서 작성하기

〈자기소개서〉

나는 동그란 눈을 가졌습니다. 눈썹은 두꺼운 편이고 갈매기 날개 모양처럼 생겼습니다. 볼은 통통합니다. 얼굴도 눈처럼 동그랗습니다. 사람들은 저더러 엄마와 아빠 얼굴을 묘하게 반반씩 닮았다고 합니다. 저는 그런 제 얼굴 생김새가 참 좋습니다. 부모님이 제게 주신 선물이기 때문입니다.

파란색과 자동차도 좋아합니다. 이는 내가 남자이기 때문에 당연하다 여겼는데 지금은 생각이 달라졌습니다. 내가 남자든 여자든 전 그냥 파란색과 자동차를 좋아하는 듯합니다. 고구마는 저의 최애 간식입니다. 구운 고구마를 가장 좋아하고 맛탕은 싫어합니다. 인위적인 단맛은 제 취향이 아닙니다.

저는 온라인에서 '토순이'라는 닉네임으로 활동한 적이 있습니다. 온라인 세상에서는 진짜 이름 대신 토순이라는 이름으로 선입견 없이 많은 사람을 만날 수 있어 좋았습니다. 현실에서는 나이나 성별에 갇혀 할 수 없는 일이 많았지만 온라인에서는 초등학생인 저도 오픈 채팅방 방장을 할 수 있습니다. 저는 토순이라는 이름으로 방장 역할을 했는데 사람들 간의 대화를 매끄럽게 이끌고 다툼이 없도록 중재할 줄 아는 능력이 내게 있다는 것을 알았습니다.

저는 요즘 사춘기를 겪고 있습니다. 혼자 있고 싶은 시간이 늘어나고 나는 누구인가? 나는 어떤 사람인가? 자주 생각합니다. 답답한 마음이 들기도 하고 짜증이 나기도 하지만 저는 요즘 제가 느끼는 감정을 굳이 억제하거나 부정적으로 바라보지 않기로 했습니다. 성장하는 청소년이라면 누구나 사춘기를 겪는 것이고 이때 느끼는 다양한 감정 역시 지나가는 과정이라는 것을 배웠기 때문입니다.

저는 평화주의자입니다. 갈등이나 싸움을 싫어합니다. 살면서 경쟁은 피해갈 수 없다고 하지만 꼭 누군가를 이겨야만 제 삶이 행복하다고 생각하지 않습니다. 미래에 나는 어떤 사람이 될지 상상해 보았지만 아직 답을 찾지는 못했습니다. 하지만 제게는 시간이 많고 충분히 고민하며 살다 보면 저만의 답을 분명 찾는 때가 올 거라 생각합니다.